高考热点作家

深度还原考场真题，感受语文阅读题的魅力
一书在手，阅读写作都不愁

人生如梦，有爱同行

杨献平／著

中国出版集团有限公司

世界图书出版公司
上海　西安　北京　广州

图书在版编目（CIP）数据

人生如梦，有爱同行 / 杨献平著 . — 上海：上海
世界图书出版公司 , 2024.3
（高考热点作家 / 李继勇主编）
ISBN 978-7-5232-0853-3

Ⅰ . ①人… Ⅱ . ①杨… Ⅲ . ①阅读课—中学—教学参
考资料 Ⅳ . ① G634.333

中国国家版本馆 CIP 数据核字（2024）第 003115 号

书　　名	人生如梦，有爱同行
	Rensheng Ru Meng.You Ai Tongxing
著　　者	杨献平
责任编辑	石佳达
出版发行	上海世界图书出版公司
地　　址	上海市广中路 88 号 9-10 楼
邮　　编	200083
网　　址	http://www.wpcsh.com
经　　销	新华书店
印　　刷	天津市天玺印务有限公司
开　　本	700mm × 1000mm　1/16
印　　张	14
字　　数	174 千字
版　　次	2024 年 3 月第 1 版　　2024 年 3 月第 1 次印刷
书　　号	ISBN 978-7-5232-0853-3/G · 831
定　　价	39.80 元

前　言

随着语文考试内容的改革，阅读的重要性逐渐凸显出来。近年来阅读题的比重在高考考试中不断加大，阅读内容也越来越丰富，天文、地理、历史、科技等均有涉及；同时，体裁呈现多样化，涵盖散文、戏剧、小说、新闻等。文章涵盖面越来越广，意味着对学生阅读能力的要求越来越高。所以我们应该清晰地认识到，阅读能力的高低直接影响分数，如果阅读能力不过关，那么考试成绩肯定不会理想。

"读不懂的文章，做不完的题"一直是中学生面临的难点和困境。这就要求学生不能停留在过去的刷刷考卷、做做练习题，或是阅读一两本课外书的阶段，而是要最大限度地提升阅读能力，理解文章作者和出题人的意图，只有让学生进行大量有针对性的阅读，才是最切实有效的方法。

语文知识体系的构建和语文素质的养成，既需要重视课堂学习，又需要重视课外积累。那课外积累应该怎么做呢？高质量的课外阅读是非常有效的，这已经成为提升学生"综合竞争力"的有效手段。因此，我们策划出版了"高考热点作家"课外阅读丛书，为广大中学生提供优质的课外读物。

这套系列丛书共8册，每册收录一位作者的作品，选取了该作者入选省级以上高考语文试卷、模拟卷阅读题的经典作品，以及该作者未入选但适合中学生阅读的作品，帮助学生扩大阅读面，对标高考。书中对每篇文章进行了赏析、点评和设题，能够助力学生阅读，有利于提升学生的文学素养、答题能力和答题速度。

本系列丛书收集了在国内高考语文试卷阅读题中经常出现的8位"热点作家"高亚平、乔忠延、王剑冰、王必胜、薛林荣、杨献平、杨海蒂、朱鸿的优秀作品。这些"热点作家"入选高考语文试卷阅读题的作品多以散文为主，他们的作品风格多样，内容丰富，但都具有很高的文学价值和浓郁的时代气息。这些作品不仅对中学生阅读鉴赏能力和写作水平的提升有促进作用，还对中学生的生活和学习具有启迪和指导意义，我们相信这套丛书会受到广大师生的喜爱和欢迎。

　　新高考背景下的语文学习，阅读要放在首要位置。事实上，今后的高考所有学科都会体现对语文水平的考查。不仅是语文试卷增加了阅读题的分量，其他学科也越来越注重对学生阅读理解能力的考查。提升阅读能力是一项任重道远的工作，重在培养兴趣，难在积累，贵在坚持。只要持之以恒，一定会有意想不到的收获。

目录
CONTENTS

第一辑
巴丹吉林：
我们的沙漠人生

　　在著名的居延海边，看着那些簇拥的芦苇，突然飞起的天鹅和野鸭，觉得了一种诗意的美。额济纳的那些胡杨，残留的柳科树种，据说在中世纪之前，从地中海沿岸一直绵延到河西走廊局部地区。每年十月，胡杨叶子变黄，大地一片灿烂，人在其中，犹如走在黄金大帐，也令人想起曾经的月氏和匈奴汗王早些年在额济纳的游牧生活。

【2018年上海市七宝中学高三下学期第一次模拟卷】

阅读下文，完成第1—4题。（15分）

一个人的沙漠

　　①于我而言，巴丹吉林沙漠更多的是一种精神存在。喧露物质在这里消弭，万顷黄沙、浩荡大地，与其对应的永远是幽深如虚的天空。其他如黄羊、毛驴、骏马、骆驼、黑甲虫、红蚂蚁、毒蝎子、红狐、白狐、狼，以及胡杨、蓬棵、骆驼刺、沙枣树、红柳、杨树和芦苇悄然其上，各安天命。积水也可能很多，但在地下蕴藏，消失速度也在加剧。唯有不声不响的河流，才是它的红颜知己抑或精神之母。

　　②一个人在沙漠，所能拥有的，就只是肉身及其喂养品。孤独占据了庞大地位。尤其是常年在沙漠生存的异乡者。记得二十多年前的那个酷冷的冬天，当我在一群歪斜的雪粒中从南太行山区，乘火车，走州过县，幼狼一样落身巴丹吉林沙漠，下车，站在沙砾横生的戈壁滩上，就感觉到一种强大的坚硬与幽闭气息迅速围裹而来。

闭上眼睛，便会有一些灿烂与剧烈的景象在内心纷纭。有风尘中的骑士及其跟随者和追击者；有垂帘的雕车以及若隐若现的俏媚、凄楚的面孔；有众多身穿盔甲的人，在黄土夯筑的烽燧和城堡之上瞭望；旗帜上总是有龙，猎猎而边角开裂，剑戟的反光使得四周的黄沙黯淡无光，唯有战士怀乡的叹息与泪水，在月光下寸断柔肠。

③从那时开始，我便成了巴丹吉林沙漠乃至阿拉善高原、甚或整个西北的异乡者与久居者。慢慢地我才知道，巴丹吉林沙漠是上古神话的组成部分，涉及的人主要有大禹、周穆王、老子、彭祖等人，甚至还有黄帝和他的母亲。而巴丹吉林沙漠最本质的角色是游牧民族出入蒙古高原的孔径与前哨。

④最初的民族大致还有乌孙，以及众所周知的大月氏和匈奴。这三个民族，先后崛起并相互驱逐，形成了发自蒙古高原、波及整个欧亚大陆的民族大迁徙与融合的壮丽景观。再后来，著名的悲剧人物李陵率五千荆楚弟子、奇才剑客，由弱水河而深入漠北寻击匈奴主力；卫青、霍去病出贺兰山、皋兰山和祁连山，实施了汉帝国对匈奴大部落联盟的精确打击与成功驱逐。著名的将军路博德以移民屯边的形式，修建了蜿蜒至今蒙古国境内的亭障、烽燧和驻军基地。现在，这些依旧在浩荡的大漠风中留存，以残缺的方式，向时间及其当中的到来者昭示着一种强硬的现实主义存在。

⑤巴丹吉林沙漠也是王维"大漠孤烟直，长河落日圆"诗句的诞生地；"安史之乱"后的丝绸之路回鹘道，以及中央帝国与西域联系的必经之地，深陷于大戈壁之中的居延海芦苇丛生，白鹭和天鹅、骏马和羊群，端的是"居延粮仓"的富庶和安然。千年之后，长风吹送时间，也将万顷黄沙不间断地搬运，额济纳星罗棋布的水泽逐渐缩小、干涸，致使中世纪时期自地中海连绵至额济纳弱水河流域

的胡杨树也逐渐断绝了与世界的联系。

⑥沙漠里，秋天的胡杨林是黄金的宫殿。灿烂的叶子覆盖在黄沙之上，将干燥而荒凉的沙漠映照得神魂颠倒。到处都是如饮甘醇的人，连空气中都飘着一种癫狂与迷醉。那种景观，当下已经罕见了，可以想象成单于的黄金庭帐。斯坦因和他的考古队曾在额济纳胡杨林建立了气象观察站。在不长的时间里，他们提防风暴，也提防四脚蛇，并用它来泡酒，还有毒蝎子。红蜘蛛是他们最怕的，因为它们总是在人的帐篷内外结网捕食。

⑦向南的黑城是西夏王朝的陪都之一，最终成为元的疆域，而不过一百年，就又被明朝将军冯胜以改道弱水河的方式攻陷。科兹洛夫和斯坦因等人也循着马可·波罗的足迹，在黑城盗掘了三万多枚汉简和西夏文物，使得居延汉简成为与殷墟甲骨文、敦煌遗书并称的 20 世纪初东方文明三大发现。

⑧一个人在沙漠，首先是生存，尔后才是梦想。要把自己交给风，以及风中的沙尘，甚至如风一样的时间。闲暇时候，我总是在戈壁和沙漠之间游荡。沙海无际，四周以外，人群汹涌、世界繁华。而唯独我，以及和我一样的人，在沙漠，被风暴、黄尘、孤独、忧郁、幻想和破灭摧毁、塑造。由此，我变得沉静起来。在沙漠，人变得简单，世界也跟着单一。在巨大的孤独和空阔之中，个人变得庞大而真切。在许多的月夜，坐在戈壁滩上，沙尘及其包括的土腥气从四面包抄。远处的沙海如沉默的母亲，以裸体的方式，用一枚枚硕大的乳房喂养整个天空。坐得久了，会觉得整个人都是透明的，可以看到自己的心脏及骨骼，甚至内心里那些光明和阴暗。

⑨风暴起时，躲在房间，或者来不及躲藏，就像一棵树那样被风暴席卷。在沙漠，一个人像一棵树一样被打击，其实也是一种幸福。

沙子在脸上敲出鲜血，黄土深入身体内部，试图将人也打造成沙漠中的固有事物。

⑩每次走出沙漠，融入城市和乡村，我发现，尽管年龄增长，青春在沙尘中被打磨得缺乏棱角，可是我看人做事，以及对世界的看法仍旧是单纯的、透明的和不设防的，像是一片落在屋顶上的新雪，纤尘不染。我惊异于沙漠强大的保鲜功能。

⑪沙漠打击和磨掉的是人的肉身，它真正尊重的是一个人的内心及其灵魂。

⑫我也到巴丹吉林沙漠四周的山地、荒野和城镇去看。只是，在每一个地方，我都能找到异族的遗存、王朝的痕迹，以及宗教在俗世间的种种表现方式。在古堡、废墟、草地和山河之间，河西走廊始终有着一种幽秘而灿烂的光辉，如敦煌、兰州、武威、张掖和酒泉等地。这使我惊异，也对沙漠及其周边所有的事物，都保持了强烈的好奇与热爱之心。

⑬这些都是沙漠赐予我的。即使现在迁徙到成都，一个四周高山、植被丰茂的城市，我发现自己仍旧保留了在沙漠的那些脾性，简单、固执，热切而又满目诧异，对这个世界和人群还有着强烈的陌生和信任感。

⑭我知道，在沙漠，是一种修炼，从肉身到灵魂。

⑮沙漠也是一种自然，人在其中，也是自然。天长日久之后，这种人和自然的交融，便会派生出另一种新的"生物"，尽管他样貌会有改变，而内心及其精神，却始终有着一种精神向度。尽管他会与当下时代有所隔膜，但一个人，最好的东西，是坚硬、向善、审慎和独立的合众意识，以及耽于幻想、不弃庸常的单纯品质。

1. 第⑩段中的"保鲜"一词用得精妙，请加以赏析。（3分）

_____

_____

_____

_____

2. 分析第②段画线句的作用。（3分）

_____

_____

_____

_____

3. 第⑧段画线句运用了比喻的修辞手法，请分析其表达效果。（4分）

_____

_____

_____

_____

4. 从内容和形式角度分析标题《一个人的沙漠》的含义。（5分）

_____

_____

_____

_____

念想巴丹吉林

名师导读

　　说到杨献平，忠实读者通常会想到巴丹吉林沙漠，《念想巴丹吉林》是杨献平的代表作。用杨献平自己的话说：参军到巴丹吉林沙漠，是一个命运的安排。自己后来写点小东西，发了一些有关此地的散文和诗歌，因而也博得了一些小名，实在是巴丹吉林沙漠于我的恩典。是那一片王维之"大漠孤烟直，长河落日圆"诞生地，以及千古第一伤心将军李陵由此出塞而终生未归的瀚海泽卤，给予我这个陌生人以及多年在风沙中沉浸的"笨人"的一份精神厚礼。对于大地，哪怕片隅，我们生存其上，它又给予我们一切，让我们苟延残喘也好，扬扬自得也好，清净淡泊也好，我们唯有感恩。文章语言平实质朴，感情真挚自然，如沙漠中的甘泉滋润着我们的精神世界。

它名叫巴丹吉林，是一片阔大的沙漠，蒙语的意思是"绿色深渊"。在它的西部边缘地区，有一座军营。①向南的祁连山隐隐约约，冠盖的白雪好像一面向天境折射人间物事的镜子，向北则是巴丹吉林沙漠的主体部分，以及阿拉善高原及其连接的贺兰山。我所在地的军营就是一个新型的人为的绿洲，沉浸在赤黄焦枯的大漠之中。

就像是凭空而出的城市，其中的一切，都是自给自足的，这也是彼时年代里所有类似单位的一个共同特征。西北方是办公区，东南方为各个服务单位和家属居住区。中间是礼堂。但我刚入伍的时候，位于内场区中心部位的礼堂，当然是各种集会的唯一场所，其中还有广播室和文体活动室。我记忆最深的，一是其中有一个新战士，好像比我晚到巴丹吉林沙漠空军某基地一年。有一次，上级一个干事打电话问他姓甚名谁，做个登记，他说自己叫柴新忠。干事再问他，哪个柴，他说，柴新忠的柴。哪个新，柴新忠的新。哪个忠，他还是柴新忠的忠。这个段子，在我们的军营里流传了很久，及至我从基层到宣传科工作，和柴新忠熟悉之后，也常和他开玩笑，说起他作为新兵蛋子的这一件趣事。

二是每年的五月初，路过礼堂的时候，总是不期然地被一阵蜜香灌醉。②礼堂拐角，长着几棵枝干扭曲的沙枣树，已经很老了，似乎几个腐朽的老人，细密的枝条相互贯穿，好像在相互搀扶。但每年的五月初，

❶ 运用了比喻的修辞手法，把山顶白雪比作镜子，写出了白雪覆盖下的祁连山的广阔、圣洁。开篇的环境描写，给人一种雄浑壮阔的感觉。

❷ 运用比喻和拟人的修辞手法，把几棵枝干扭曲、枝条细密相互贯穿的沙枣树比作相互搀扶的老人，形象生动地体现出沙枣树的年老和茂盛，一种沧桑之感跃然纸上。

它们依旧枝叶茂密，不大，犹如普通的枣树叶子，但表面发灰。所开的花犹如米粒，黄色的，一簇簇地聚在一起，喷薄着浓稠的香味，每一次无意中闻道，就有一种强烈的被封喉的感觉，极其甜蜜，又甚为猛烈。

① 沙枣花盛开时候，没事我就往礼堂那边跑，围着那三棵花团锦簇、蜜香蓬勃的沙枣树转来转去，不一会儿，整个身心，就像是灌满了蜂蜜，沉甸甸的美好。下连队之后，我长期在一个技术室工作，身边都是搞技术的军官。很多时候，我随着他们去十里外的指挥控制中心工作，主要负责中央空调日常维护，也会站在指控中心的大厅里，看各种战斗机从空阔的戈壁机场上腾冲而起，带着剧烈的轰鸣声呼啸在澄明的天空中。有些时候，也去参与某些演练任务。厉兵秣马，居安思危，向来是一个国家的根本之一。

② 我时常觉得一个军人的热血，犹如暗夜的箭矢，时常发出尖锐的啸声。同时，也在瀚海泽卤之间，读到了关于巴丹吉林沙漠的诸多历史往事。如沿着弱水河带军出塞，寻击匈奴主力的李陵及其"五千荆楚弟子，奇才剑客"；以及经由此地被押往贝加尔湖的苏武；前往劳军的王维也在此写下了"大漠孤烟直，长河落日圆"的不朽诗句。闲暇时候，我也去拜谒了散落在弱水河畔的汉代烽燧、黑城（哈拉浩特）、肩水金关等遗迹，怀念那些在此从军的人们，以及发生在他们身上的那些悲壮往事。

在著名的居延海边，看着那些簇拥的芦苇，突然

❶ 沙枣树带给"我"的是一种如蜜般的沉甸甸的美好，表现了"我"对沙枣树的喜爱，也体现了在单调的沙漠生活中沙枣树是"我"身心的寄托。

❷ 运用比喻的修辞手法，把军人的热血比作暗夜的箭矢，时常发出尖锐的啸声，表现出作者献身巴丹吉林的热情，形象地写出了作者对巴丹吉林的热爱，对祖国的热爱。

9

① 胡杨生命力顽强，就像是守卫祖国边疆的卫士。把金灿灿的胡杨的世界比喻成黄金大帐，既形象生动地展现了令人叹为观止的胡杨林风光，又给人一种庄严肃杀的感觉。

② 把一座座纵横相连的静默的沙丘，比喻成天下最美好的乳房，形象地写出沙漠的广袤、博大。正是母性大地的绵延不竭的滋养，才有了世间万物的生命与生机。

飞起的天鹅和野鸭，觉得了一种诗意的美。额济纳的那些胡杨，残留的柳科树种，据说在中世纪之前，从地中海沿岸一直绵延到河西走廊局部地区。① 每年十月，胡杨叶子变黄，大地一片灿烂，人在其中，犹如走在黄金大帐，也令人想起曾经的月氏和匈奴汗王早些年在额济纳的游牧生活。

再些年，我从机关到位于巴丹吉林沙漠西部的一个基层单位任职。就像一个人的青春，一个人面对的自然风沙更直接和猛烈了。每一天早上，被子上会落着一层细沙，总觉得牙齿不断地与生硬的沙子发生摩擦。但夏季尤其好，无风的夜里，面对旷古的圆月，坐在热浪逐渐消散的戈壁上，天空幽深如井，星群在高阔的天幕上排兵布阵，月亮的清辉照得戈壁和远处的沙漠呈现出一种原始的，静若处子的美感。② 那些静默的沙丘，似乎天下最美好的乳房，一座座，纵横相连，让我想到大地的仁慈与人类之所以绵延不休的根本，即母性的大地总是在为我们提供不竭的生存所需，而刚健的天空则无时无刻地用它那一种雄浑与强韧，为大地所有的生物带来精神与梦想的滋养。

很多时候，我在床上看书，忽然看到地上一个白色的东西在不停跳跃，我惊奇而又兴奋。哦，原来是一只白色的小跳鼠，它们和其他的鼠类不同，前肢较短，浑身白毛，面目看起来不是贼兮兮的，反倒有些可爱。我不吭声，任由它在我房间的地面上蹦来蹦去。有好多次，我还故意把饼干放在某个墙角，等待它来到，然后蹲在那里咯吱吱地吃。它显然很警觉，吃一口就会抬头四处看看，确认没有危险，再低头吃。① 它的可爱神态感染了我，也使我开始觉得，在这苍凉之地，植被虽然稀疏，沙尘暴经常，但也有一些可爱的动物，它们隐匿于人类之间，用自己的谨慎与机警，进行着另一种样式的现实生活。

❶ 物竞天择，世间万物，各有各的生存之道。

面对这样的动物伙伴，再强大的内心，也会忽然变得柔软。在沙漠，动物当然是稀少的，只有狼、野驴、黄羊、沙鸡、蜥蜴、四脚蛇、蚂蚁、红狐、白狐等少数几种，它们大都躲在适合自己的角落，本性和本能地在干旱之地生存。② 在我看来，这些动物在沙漠戈壁的生存姿态，本身就是一首诗。比如在月夜嚎叫的苍狼，它们追逐的，永远都是弱于自己的猎物，而动物和动物之间的杀戮，体现的是物竞天择的丛林法则。无所谓善良，也无所谓残暴。狐狸大致是最具有灵性的沙漠野生动物，它们诡秘的行踪，美丽的皮毛，甚至能够修炼成仙的传说，魅惑于人的故事，在很多民间传说中大量留存。我一直想在沙漠中和这些精灵邂逅，但几乎没有如愿以偿。倒是看到几次海市蜃楼，那缥缈的，如真似幻的美妙所在，大抵也是沙漠给予某一些人的安慰，尽管是假象，但假象在很多时候，也可以给路经此地的饥渴者一点生的安慰。

❷ 这些生存在沙漠戈壁的动物，无所谓善良与残暴，它们遵循物竞天择的丛林法则，各安其道，一切都是自然的存在，像诗一样浑然天成。

③ 骆驼当然是沙漠当中的最强者，它们看起来古怪，也有个性，可在这浩瀚之地，双峰驼与人的亲近，对人的苦厄中的引渡，肯定是一种功德。而之于我个

❸ 骆驼有"沙漠之舟"的美称。在沙漠地区，骆驼是必不可少的交通工具，也是人类在绝望和无助时的希望与寄托。

人在沙漠的生活，大抵是紧张的，但其中也有家庭生活和战友聚会，同时也一次次地出入沙漠，去往老家或者别人的地方，在山河之间行色匆匆，也在这人世上过着与众生大致一般的普凡生活。在巴丹吉林，我所能的，只是按部就班的工作，以及自己内心和脑海里的各种奇思妙想。越是与世隔绝之地，人的精神越是丰富。越是枯寂之处，人在其中，总是能够不断地简化自己以及在俗世中的一切。

我特别渴望有朝一日能够徒步穿越整个巴丹吉林沙漠，当然是要在夏天，除了积沙的陷阱与可能遭遇的龙卷风、沙尘暴之外，似乎没其他风险。在其中，可能还能看到野驴、野的双峰驼等稀有而又坚韧的动物，更有可能与狐狸遭遇。我也想，在人间绝境，人和动物都可能是惺惺相惜的。但这个愿望一直没有实现。也有很多次，去到了附近的古日乃和额济纳旗，包括附近的酒泉卫星发射中心。在这些地方，我看到的多数是如我一般在沙漠当兵的人，还有一些做生意的外地人、当地的土著，如土尔扈特蒙古人、裕固族人以及汉族人，等等。相互之间，即使不熟悉，从口音和衣饰上，也觉得很熟悉。这大致是在沙漠待久了的缘故。强大的地理及其气候是有创造性的，只要长时间容身其中，都会被潜移默化地转变和塑造。① 事实上，沙漠也是一个丰饶之地，尽管它的表面很沉寂，但人的心灵会越来越丰富饱满，而且风姿绰约，有着鲜明的色彩和异乎寻常的新鲜感。人少的地方，往往

❶ 沙漠物质贫瘠，但它的博大、广袤乃至安静和枯寂，使人的精神世界丰富饱满。

能够集中精力，也能够使得人自觉地向内寻找，向着
更高的地方仰望与开掘。

①沙漠也是另一种形式上的宗教，而且是纯自然
的，原生的，没有其他的异议与分支。

可以说，十八年，巴丹吉林沙漠耗尽了我的所有
青春。调到成都的最初几年，我却对自己曾经的巴丹
吉林沙漠没有了太多的印象，哪怕是记忆深刻的往事，
也不自觉地虚幻了起来。但这是短暂的。果不其然，
近几年来，我总是想起巴丹吉林沙漠，穹庐的天空，
丝绸的云朵，平展无际的戈壁，散漫的双峰驼和羊群，
尤其是那奇幻的落日，恢宏的色彩宛如宏伟的战阵，
远望的雪山接近天境；甚至水渠边的杂草和野花，林
间的鸟鸣，都是那么真切，诸如此类的情景和细节，
又一次纷至沓来。②我知道，对沙漠的念想，将会持
续我的一生，如同黄钟大吕般的诗歌，必将在我的内
心和灵魂中久久回响。

❶ 沙漠的广袤与
枯寂，使人的生
活简单而纯粹，让
人的精神丰富而饱
满，使人的心胸淡
然而豁达。

❷ 我把自己的青
春奉献给了巴丹
吉林沙漠，那里有
恢宏壮阔的人间绝
色，有如暗夜箭矢
般的热血沸腾，也
有"我"最刻骨铭
心的青春记忆，是
"我"一生的宝贵
记忆。

延伸思考

1.本文题目是《念想巴丹吉林》，结合文章内容，说说巴丹吉林留给了
作者怎样的念想？

_____

_____

2.第五段写到了关于巴丹吉林的诸多历史往事,你如何理解这部分内容的作用?

_____

_____

3.作者说,"十八年,巴丹吉林沙漠耗尽了我的所有青春",曾一度对巴丹吉林沙漠没有了太多印象;又说,"对沙漠的念想,将会持续我的一生",作者对巴丹吉林到底是一种怎样的感情?

_____

_____

大漠军营，月光照彻

名师导读 ▶

　　大漠军营生活是艰苦枯燥的，但是闲暇时，走在月光照彻下的戈壁滩，又是另一番风光和感受，静谧、旷远、温柔、恬静而神秘，与白天的激情与活力形成鲜明的对比，一切都那么美好，好像一种超拔而干净的理想境界，深深地烙印在作者的灵魂之中。

　　夜晚寂静、旷远、神秘而又落寞。要是没有风，所有的声音都是人自己发出的。①明月碧空，光芒如银，脚下无数的粗砂都在发光，一粒一粒，向着眼睛和身体，也向着幽深如井的天空和四边无际的大漠瀚海。一个人的脚步在空荡荡的戈壁上，沉重、响亮，卵石有点硌脚，其中那些较为尖利的，给人的那种疼痛感，几乎贯穿到了骨头和心脏。

　　这是驻巴丹吉林沙漠西部边缘的军营，我是其中

① 作者描绘出了一幅皓月当空、一泻千里、宁静空旷、幽深浩瀚的沙漠夜景图，"光芒如银"，运用了比喻的修辞手法，极具表现力。

的一分子，从十八岁离开家乡，兵车西行，融入这一个铿锵激越的钢铁集体；再从普通战士到一名空军军官，我所有的青春年华，都是在这铁血的沙漠军营度过的。其中几年，我从机关到下属的一个单位任职，那里是沙漠的边缘，向北是著名的酒泉卫星发射中心和额济纳、居延海，向南则是霍去病的酒泉和蜿蜒如长龙的祁连雪山。

❶ 写出了在沙漠中紧张、忙碌、充满刚健气息的军营生活。

① 几乎每个白昼，基本上都是在呼啸的战鹰与导弹声中度过的，各种设备之间，有着我众多的兄弟和战友。军队的氛围是积极、刚健的，也是充满意志力和爆发力的，日常工作和训练尽管紧张、忙碌，各司其职，协同配合，不能有任何差错，但也有闲暇时候。

在戈壁深处的军营，对我个人来说，最好的休闲是在有月亮的晚上到外面的戈壁滩上走走，坐坐，在天地无垠之间，感受一个人的世界和内心。那种感觉，仿佛天籁，一个人于浩大的旷野之中，安静下来，于大辽阔之中，体验一种非凡的静谧，以及静谧之中的自我检视与想象，我觉得那是一种无上美好的心灵享受。

❷ 运用比喻的修辞手法，把戈壁比作汪洋，那些高高低低的沙丘就像是汪洋中的波浪，表达生动贴切，又与下文写月亮"激滟升起"相呼应。

② 夜晚的戈壁，像是一片汪洋，铁青色的表面，有一些高高低低的沙丘。通常，看到月亮自戈壁的尽头激滟升起，心里就有些激动，从宿舍出来，快步越过楼房和杨树，到水泥路面的尽头，出了营门，就是一色的戈壁了。这时候的戈壁，被明月照彻，像一个巨大的疆场，沉寂、幽闲、弥散着一种悲剧的苍凉味

道。我一直觉得它的下面有很多灵魂：英勇的、果决的、战死的和被风沙掩埋的。他们的尸骨或许早已成灰，但他们在大漠之中的矫健与勇猛背影，却长久地令人心生敬仰；如辛弃疾词《贺新郎·别茂嘉十二弟》一词中说："将军百战身名裂。向河梁、回头万里，故人长绝。"我很多次在月夜的戈壁上看见快速奔行的磷火，我想那就是英雄的灵魂了吧！这里曾是乌孙、月氏和匈奴人的驻牧地，还有后来的突厥、回鹘。当年的霍去病便是由贺兰山率兵进入阿拉善高原，再席卷河西走廊的。李陵也是沿着旁边的弱水河，带着他的五千"荆楚弟子，奇才剑客"深入大漠，在今天的阿尔泰山中段一带遭遇匈奴单于主力。在不远处的额济纳，现在居住着三百多年前，由伏尔加河流域返回祖国的土尔扈特蒙古部后裔。20 世纪初期，一大批中外学者和探险家，在这里发现了大量的汉代和西夏文物，由此而形成了一门显学"居延汉简"。

因为月光，漆黑之夜看起来幽深莫测的戈壁，便全部敞开了，它依旧平坦无际，到处都是路，可到处也可能有陷阱；到处都可以到达，也到处都可能是绝境。① 四野遥远，月光貌似深情的女子，用自己薄如丝绸的衣袂，轻抚着大地的粗糙表皮。这种情境，大抵是沙漠戈壁中最为温柔和谐的情境之一了。身后的营区人声鼎沸，打篮球的战友在操场上闪跃腾挪，还有些家属和孩子，呼喊着在为他们加油鼓劲。军队的生活，总是火热的，充满了跳跃的力量感。

❶ 把月光比作深情的女子，赋予月光人物化。月光笼罩大地，犹如衣袂轻拂，形象生动的比喻，描写细腻而富有诗意。

17

不徐不疾的细风，纤纤玉手一般抚过来，很是凉爽。风中有些灰土，大抵是由沙漠中心碎了的沙子构成的。可以非常明显地感觉到，太阳在白昼的炽烈温度仍在，使得黄沙和石子身上，还蕴藏着热度。稀疏的骆驼草身子虚肿，尖利的枝叶上挂满尘土，一丛丛、一蓬蓬地被月光照成了暗黑色。

毋庸置疑，这是西北一年中最美好的时节，也是军营中个人最安静和美好的时刻。① 月光照彻，四野明亮，要是仔细一些端详，偶尔还会看到在月光下优雅奔窜的蜥蜴，这种古老的物种，大抵是恐龙的后裔，它们善于在干燥的沙漠戈壁生存，以古怪的形象，揭示着大漠戈壁的古老与幽深。远处的沙丘低纵连绵，一座座，一只只，美轮美奂，看起来也非常的温柔恬静。我坐下来，近处有物在动，两只驼峰载着整个戈壁，嘴巴嚼动，在月光下缓慢行走。起初，它们把我吓了一跳，转身回跑，气喘吁吁地回头一看，它们并没有像草原狼那样猛扑过来。那是骆驼，独特的生命，荒漠的王和英雄。骆驼没有恶意。我们两种生命，在戈壁的月光下面，是一种美妙的陪伴和邂逅。

尽管万里无际，裸露坦平，在沙漠戈壁，我一个人还是不敢走得太远，巴丹吉林沙漠太大了，它的面积位列世界第四，中国第三。我很多次去到戈壁沙漠深处，走了很久，却没有一次找到它的尽头？倒是在戈壁中，通常会遇见蹲在沙棚里的沙鸡、野兔、出其不意的沙鼠和红狐、白狐，它们被我看见或者踩身体，

❶ 广袤幽深的沙漠，静谧温柔的月光、古老优雅的蜥蜴，一切都给人一种和谐、安详、美好的感觉。

它们惊呼，我也惊骇莫名。^①我也曾多次在月光的戈壁捡到一些形状奇异的沙漠奇石和鹰隼的漂亮的断羽，可放着放着，就都不见了，几次搬家，却发现一些在老鼠的洞口，有的被撕碎了，有的虽然完整，但覆上了厚厚的灰尘。

　　就要点名了，我得返回，不宽的公路上没有一辆车行驶，围墙静默不动。月光停靠在正中的天空，飘着些许黑丝的脸颊洋溢着笑容，它的光亮持续向下穿透，从我的头顶，贯穿了形体，连地上的影子都好像是透明的。熄灯号响过，营区内的灯光便都熄灭了，偌大的戈壁滩，只剩下单纯的月光。^②如此的军营闲暇时光，好像一种超拔而干净的理想境界，从我进入沙漠军营的那一天开始，就深刻地烙印在了我的灵魂当中，美妙而又持久，自在而又丰饶。

❶ 看似琐碎的、日常小事，却正是枯燥沙漠军营生活乐趣的写照，表现出作者对生活的热爱。

❷ 总结全文，点明中心，呼应题目，写出"我"对大漠军营的特殊感情。

延伸思考

1. 作者开篇写道"夜晚寂静、旷远、神秘而又落寞。要是没有风，所有的声音都是人自己发出的"。请结合文章内容分析这句话在全文中的作用。

_____

_____

2. 结合上下文，试赏析文中画直线的句子。

_____

_____

3. 作者说"这时候的戈壁，被明月照彻，像一个巨大的疆场，沉寂、幽闲、弥散着一种悲剧的苍凉味道"并由此联想到了霍去病、李陵等一代名将及他们与大漠的故事。你还知道哪些与大漠有关的英雄故事或者古诗词名句？请写一写。

_____

_____

像树一样忧伤

名师导读▶

　　长时间生活在单调枯燥的沙漠，机械重复的生活让作者变得孤僻、沮丧，甚至一度徘徊在崩溃的边缘。读本文，要认真体会作者彼时的心境以及像钉子一样钉在瀚海之中，像旗帜一样矗立在沙漠中的沙枣树给作者的心灵力量和慰藉。质朴忧伤的语言仿佛把我们也带进了作者孤独、细腻而纯粹的精神世界。

　　在微小的鼎新绿洲之外，戈壁滩上的黄昏时分，看见沙漠，看见零星的树。沙漠、戈壁大致是平的，略微有些起伏，像是一个身形巨大的睡着了的妇人，可她内在、均匀的呼吸我老远就感觉到了。① 而树，尤其是我要走近的那几棵沙枣树，在戈壁滩上，它们模糊的姿影有一些古典诗歌的味道，又像是几个千年老友聚在一处贫瘠之地，在风沙之间静立百年，专注于聆听和诉说。

❶ 开篇点题，把镜头拉向了静立在风沙中的几棵沙枣树，创设出静谧、孤独却又与广袤大漠融为一体的意境，奠定了文章的基调。

21

我一个人，并且时常一个人，在这一片叫作巴丹吉林沙漠的边缘或是内里走来走去，从先朝的旧址，变迁的草滩、河道到现代的城市和村镇。我的这些走大都漫无目的，感觉就像一个流浪者，随处、随时都可以抬起和落下孤独的脚步。我很孤独，一是性格原因。我不怎么合群，尤其是素常的那些聚会和约会。二是我在这里举目无亲。① 我就是我，一个人，像一只失却巢穴的灰雀一样，在干燥、封闭、冷漠、习惯于背叛和孤芳自赏的沙漠人群中，从一处飞到另一处，虽然每天都在不停地活动和挣扎，但我永远都跃不出这一片沙漠戈壁之上的天空，甚至近处由一百棵杨树组成的围栏。

这种碎步式的、流浪一般的行走，在我看来，像极了生命和内心在某一些瞬间的自然转移。比如在沙漠的更深处，一色的焦黄和枯寂，偶尔的骆驼和牧羊满身尘土，它们年复一年地在几乎无草可食的戈壁滩上慢慢游荡，样子似乎很悠闲，它们世世代代地重复着这种看起来天高地厚的宿命。放牧它们的人心不在焉地看着远处和天空，手中的鞭子像砾石一样的宽容和沉默。

平素，我活动在一所很小的营地，机械而又灵活。单位里的人不多，也不少。② 经常见面的也就那么几个，各自的面孔像少不了沙子的饭菜一样亲切而平淡。下班之后，多数时间就剩下自己了。虽不可欢欣舞蹈，忘乎所以，但在这世界上，一个人，能够拥有自己的一方空间也是很美的一件事。

❶ 把"我"比作"失去巢穴的灰雀"，"跃不出这一片沙漠戈壁之上的天空，甚至近处由一百棵杨树组成的围栏"，形象生动的语言，写出了"我"彼时孤独、自闭的心态。

❷ 既写出少有的几个常见面的同事之间的和谐亲切，又运用比喻的修辞手法，把"各自的面孔"比作"少不了沙子的饭菜"，暗示出沙漠环境和气候的恶劣。

夏天是让人想入非非的大好时节，可在沙漠戈壁，没有相应的资源，只能搜索记忆，把沉淀在内心里的那些情节和面孔一个又一个、一遍又一遍地翻出来，仔细揣摩、想象，然后独自在一个人的黄昏和中午嘿嘿傻笑或暗自懊悔。

时间久了，我的性格就会愈加孤僻起来，这不是好事，但也毫无办法。①实在闷得要死的时候，就在黄昏时分，一个人到戈壁边缘、沙漠深处走走，到几棵树下或是一堆黄沙上，坐下来，或者举头望天，傻想，也傻笑，自言自语。其中，当然很多的想法是庸俗的，而且俗不可耐，比如谈恋爱、过夫妻生活，甚至和某个异性在某些场合邂逅……当然也想高尚的，比如力所能及地帮助人，突然的见义勇为……可归根结底，这都是空的。

内心随时的沮丧，覆盖了我大多数时候的心情。

②唯有在绿洲边缘的黄昏，看见黄昏中的沙漠的树，它们孤单，却像钉子一样钉在黄昏的瀚海之中。通常，我从自己的房间走出来，一定要带上香烟和啤酒，这是在沙漠冥想与独坐的必备之物。通常，我的脚步迟缓，但不沉重，日常里，那些让我沉重的东西，此刻都不复存在了。在寂寥的沙漠，我只是一个活动的物体，当然会发出声音。除此之外，我和沙漠及其中的树没有区别，甚至是一体的。

走到树下，摸一摸树皲裂干燥的皮肤，看看它们扭曲的肢体，拍拍手上的尘土，然后坐下来。仰头看看天空，星星在笑，它们不寂寞。看看四周，栗色的

❶ 作者性格孤僻，其实也是沙漠单调生活的写照，近乎白描的手法，勾勒出作者生活的乏味与无奈。

❷ 沙漠中的树，虽孤单，"却像钉子一样钉在黄昏的瀚海之中"，表现出了树的坚定和执着，它们就像是"我"的老朋友，给我以慰藉和抚慰。

23

夜片飘浮着，这些面目模糊的精灵，一次次来临，遮盖了我们生命的大半部分，直到最后，还要将我们的肉体和灵魂掩埋，这一种过程，残忍而美妙。

打开啤酒，点燃香烟。烟头燃烧着黑夜，像是深入到了它的心脏，烧得它疼。要不，我怎么会看见自己的鼻尖呢？啤酒被风一吹，凉了许多，进到胃里，如同冰块一般。可是我不知该想些什么？对于平凡的人来说，活着就是最大的意义。

① 在大树的陪伴下，"我"与大漠、与时间融为一体，融进了暗夜里，去思考人生，思考生命的意义。

①　在沙漠的树身边，时间走着，大地越来越寂静，连同我自己，就像不存在似的。每当这个时候，我就怀疑自己是不是被黑夜和沙漠谋杀了？进而，在毫无知觉之中，成了它的一部分。我觉得惊恐，然后有意识地活动一下四肢，很轻，像是没有一样。我身下的黄沙在白昼聚敛的热量瞬间消失，湿重的地气涌了上来，透骨的凉。我张开眼睛，树无语，只是在风中拍动着稀疏的手掌，声音简单得如同经常的背叛一样。② 但是，外形丑陋的沙枣树，却像是沙漠的旗帜，孤独地矗立着，不使自己腐朽。

② 把"外形丑陋的沙枣树"比作"沙漠的旗帜"，虽孤独，但坚定、执着，是沙漠的强者，更是作者的精神支撑，是作者孤独沮丧时的心理支柱。

夜深了，我想我该离开了，站起身来，再看一眼树们，树们依旧，无所谓的样子。我有点哀伤，就对树说：你是不是像我一样忧伤？树们没有开口，只是使劲地摇着插满枯枝的头颅。走了很远，树已看不见了，有细微的风吹着，树却发出了声音，像是叹息，在夜色中此起彼伏。

延伸思考

1. 如何理解画直线句子中"脚步迟缓，但并不沉重"？请结合上下文试作分析。

_____

_____

2. 文章题目是"像树一样忧伤"，正文中也屡次写到树，试分析大树在文中是一种怎样的精神存在？

_____

_____

3. 作者在结尾对树说"你是不是像我一样忧伤"，如果你是文中的沙枣树，面对作者灵魂深处的提问，你会怎样回答？

_____

_____

人生如梦，有爱同行

一次列车上的偶遇，一对最平凡的老夫妻，却让我从他们身上体会到了幸福真谛，彻悟了父母恩、子女情，感受到了人与人之间信任的温暖与美好。阅读文章，体会如梦人生中"爱"的含义。

深秋来临之际，我在南太行老家休假结束，带着儿子，从邢台转到北京，乘坐 T40 次特快列车回巴丹吉林沙漠军营。与我们同在一起的，是两个老人，一对夫妻，双双七十多岁的样子，买的是中铺。就在我们头顶上。① 每过一段时间，老太太就从布包里掏出一个针管，让老头捋起胳膊，轻轻按上去，推几秒钟，拿掉，再放回原处。我想，打的大致是胰岛素。每到饭时，老太太便从另外一个布兜里面拿出两到三只发黄的馒头和两个鸡蛋，就着开水大口大口吃，馒头渣子顺着嘴角向下掉。我一次次请老人坐到里面来吃。老头听

① 两位老人七十多岁了，老太太为老头打胰岛素，平常且温馨的动作，让人感受到两位老人的彼此关爱和扶持，为下文做铺垫。

26

力损坏，得高喊一般，他才能听到；老太太则耳聪目明，精神矍铄。在换卧铺这件事上，一遍遍谦让。

①老太太好像有洁癖，总是把东西收拾得有条不紊，哪怕一张纸，叠着放好之后，才肯罢手；一张手帕洗了又洗，挂在卧铺车厢的挂钩上。更多时候，她还抢着替乘务员打扫卫生，深情又真诚。乘务员见老人年龄大，委婉拒绝。老头看到了这些情景，就一脸不悦地斜着眼睛责怪老太太说："净做些讨人嫌的事儿！"然后很生气地把脸扭到车窗外。老太太也不生气，坐在床铺上，拿起我在北京站书亭里临时购买的《人民文学》杂志，很文雅地翻开，然后把杂志凑近眼睛看。看一会儿，说看不见，就放回原位。

②我想，这两个老人，在一起起码四十多年了，老了，虽然争吵、意见不一致，但从他们的神情举止当中，我看到的是一种依赖、宽容和平淡至极的爱与义务。也想到自己，当我们也这么老了，如果能够像他们一样，就是最大的幸福了。我已经三十多岁了，再过一二十年，也就和他们一样了。心底忽然觉得了一种不可抗拒的力量：苍老、迟缓、疾病和死亡，这悲哀的宿命，让人觉得疼痛。

老太太说，他爱人老家在黑龙江伊春，1962年参加工作，工作单位是甘肃某大型国营企业。她1969年参加工作，也在嘉峪关，但总是不习惯也不喜欢这里的生活。尽管嘉峪关附近有很多的名胜古迹，可她直到现在也不想去看看，即便附近的城市酒泉、敦煌，她也一次都没去过，更别说再远一点的西安、兰州和

❶ 一系列的动作描写，塑造了一位勤劳、善良、热情的老太太形象。

❷ 作者认为像两位老人一样慢慢变老，过着平平淡淡的生活就是一种幸福，同时还引出了作者对生活真谛的感悟。

乌鲁木齐了。后来，他们单位在山海关建了分厂，她和老伴双双申请成功，才被准许回去。

❶ 老人对生活的感慨，也是对生活的热爱和留恋。

老太太叹息了一声，眼神迷蒙地看着我说："小的时候，大人们总是讲，人活着就像一场梦啊。当时她想，这一辈子这么长，哪儿像梦啊！我今年71岁了，^①这么一回头，还真是的，一辈子啥也没做，眼睛还没眨几下，人就老成这样子了！要我说，这人生啊，我看比梦还短！"说完，老太太又是一声叹息。她爱人坐在旁边，两只大眼睛不停地浑浊地看着我们。老太太又说，1999年春天，她在嘉峪关照顾孙子，两年后回到山海关，以前叫她阿姨的人忽然改口叫她大娘和老太太，哎呀，那种感觉，好像谁拿着刀子把自己砍了一截儿似的。

我同情地笑笑。老太太也兀自尴尬地笑了一下，又问我多少岁了，我笑着说："阿姨你看呢？"老太太仔细把我端详了一下说："不到三十岁吧？"听了她的话，我也笑了笑，心里也蓦然升起一阵悲凉。那一年，我都三十二岁了。这时候，老太太拿起一只写有国营某某某厂建厂四十周年纪念字样的大茶缸，佝偻着要去打水，我接过来，说替她去打。窗外，火车在犹如盲肠的河西走廊上晃悠，那时候，动车和高铁好像正在酝酿。^②我看到，连续驶过的戈壁之上，散落着一座座颜色苍黄的村庄和城镇，南侧祁连山根部看起来黑黢黢的。唯有山顶丰厚的积雪，明亮、庞大、坚硬、洁白。

❷ 窗外的景色也对应着作者的心情。村庄和城镇变得苍黄，象征着人都在一步步被不可抗拒的力量推动着往前走。

下一站是酒泉，我就要下车了，老太太用亲切和信任的神情，把她儿子的电话和单位也都告诉了我，还诚恳地说，要是她这次在嘉峪关儿子家待的时间再长些，有空来酒泉看我们。同时也邀请我们去她（儿子）家里。

我答应着，内心觉得温暖。为了他们老两口到嘉峪关下车方便，我提前帮他们把沉重的行李从顶架上取下来放好，嘱咐他们一定要打电话让她儿子到嘉峪关车站接。老人说你就放心吧，已经给他们打了电话。①下车，是沉沉的夜幕，深秋的河西走廊之夜，游动着如刀的寒风，吹得人浑身麻木。回到家里，再次想起两位老人，也想起了自己的父母。他们年轻时候，也磕磕绊绊，争吵甚至打架。现在，一切都归于平淡了。父亲做他力所能及的那些农活和手艺活儿，母亲照常掌管着家务。只是，我每回去一次，他们就苍老一圈。

父亲从十三岁开始，就当壮劳力使唤了。为了能活下去，我和弟弟吃饱穿暖，自家日子不落人后，母亲跟着父亲，也像男劳力一样到生产队干活，再后来包产到户，父亲出外做工，地里的活计就落在了母亲身上，一般的锄草、撒肥之类的倒没什么，而上百斤重的粮食袋子，做房基的石头乃至粗大的梁和檩，母亲也当仁不让。麦收和秋忙时节，下地回来，天已黑得看不到个人影了，母亲顾不上做饭，有剩饭就热了吃点，没剩饭就饿着肚子睡了。早上，先是做一锅饭，一吃好几天，即使酸了、馊了，也舍不得倒给牲口，还是热了自己吃。

幼年时候，总觉得父母浑身有使不完的力气，所

❶ 运用比喻和夸张的修辞手法，写出了深秋之夜河西走廊的寒冷，也与列车上"我"与老太太因信任和善良而产生的温暖形成了对比。

有的农活和家务，都是他们的义务和责任。他们做，再累，也都是应当的。我有了自己儿子，给他洗刷尿布，生病时带他到医院……上学时总是担心他在路上摔倒或被什么碰坏了……① 蓦然想起父母，忍不住眼泪横流。他们都老了，每个人都在向老而生，向死而生。想到这里，内心涌起一种难以抑制的颓废情绪，只觉得"苍老""疾病""厄难"和"死亡"等，人必然的命运，简直就是可怕的妖魅，残忍的杀手，从来不动声色，杀人于无形，关于这种惨烈，用碎尸万段、剁成肉酱、生吞活剥、千刀万剐、尸骨不存，甚至"宫刑""人彘""点天灯""五马分尸""鞭刑""凌迟"等形容和涵盖，一点也不为过。

这一种由两位萍水相逢的老人引发的情绪，持续了很久，以至于半个多月之后，我还萌生了要去嘉峪关看望他们的想法。我把这一经历讲给几个人，他们也都说，那俩老人真的太好了，不管他们俩年轻时候怎样，两口子，两个人，老了的时候相依为命，用心呵护对方，真是一种好夫妻，也真叫人无限羡慕。② 可就在我要去看望他们那一个夜里，天降大雪，多年不曾被雪覆盖的戈壁一下子变成了白茫茫的人间天堂，一开门，强劲的冷风犹如飞刀，面庞如割。一开门，寒冷就像是一根根的钢针，不仅具备穿透的力量，还有一种强大的瓦解精神，令人血肉瞬间如酥，骨头粉碎。别说不通班车，即使有，也很危险，只好暂时打消了去嘉峪关的想法。我还记得，那位老太太对我们说，她和老伴一直要在西北待到孙子考上大学，再

❶ "养儿方知父母恩"。已为人父的自己想起渐渐老去的父母亲，面对生老病死的自然规律，颇有一种无奈和无力感。

❷ 天公也不作美，始终让人留有遗憾，就像人生总也无法完美一样。同时也写出我与两位老人虽萍水相逢，却有牵挂，延续，表现出了人间大爱的主题。

回山海关。

晚上，和儿子聊天，他稚嫩地说，这几天晚上，他好几次做梦，其中一次梦见爸爸妈妈像姥爷姥姥那样老了，然后他就哭起来。还有一次，他梦见我再也不回家了，他哭着追我，而我却只当没听到。等儿子睡着，我忽然想到，儿子所说的梦境有些谶语的意味。
①还有一次，我问儿子说，要是爸爸真的老了，你也长大了，你觉得开心不？听了我的话，儿子竟然哭了起来，眼圈发红，鼻子一抽一抽，十分伤心。我问他咋了。儿子说，爸爸，我不愿长大，不愿意爸爸变老，那样，我会很伤心的！听了他的话，我愕然，不知道儿子为什么会这样想、这样说和做这样的梦。也想到，我六岁的时候，就整天盼着长大。一来可以像大人那样自由，二来可以打败那些欺负我的村人和同学。可是，儿子和当初的我，想法怎么会截然相反呢？而且触及了一个令人沮丧但却严肃的问题。

我想儿子一定看到或者想到了什么。可一个刚刚六岁的孩子，到底能够想到一些什么呢？我还记得，一年前的夏日中午，正在睡眠的儿子忽然哭了，声音悲切而又尖锐。我急忙将儿子抱起来，惊慌失措。儿子揉着眼睛，神色颓废，好久才说："爸爸，等我长大了，你是不是就老了？"听到这句话，我的心脏猛地收紧，神情肃穆，眼泪不由自主夺眶而出。

那两位老人，一定还在嘉峪关。老太太曾说，他们的孙子是她一手带大的，她和老伴要陪着他高考，然后到外地去读大学，到那时候，儿媳妇也该退休了，

❶ 这段对话表现出父子之间心有灵犀的爱。

❶ 这个想法非常朴素，但有时候却很难实现，很难两全，所以又说是一个母亲的"夙愿"。

会跟着他们，回到山海关。再几年，儿子也退休了，他们一家人，就可以都回到山海关团聚了。① 她的想法如此朴素，是一个母亲的夙愿，也是普通人对个人生活的一种基本要求，而且是美好的。这令人羡慕，更要祝福。只是我，直到现在，总还是想起那两位素不相识的老人，他们现在一定还很好，尽管有些病痛，但一家人在一起，就是最幸福的事情了。从内心说，我应当感谢他们一辈子，当然，还有更多的人，无论远近，无论亲疏。

延伸思考

1. 作者由两位老人想到了自己的母亲，具体通过哪几件事刻画母亲形象的？刻画出了一个怎样的母亲形象？试结合文章内容分析。

_____

_____

2. 文章结尾写道："从内心说，我应当感谢他们一辈子，当然，还有更多的人，无论远近，无论亲疏。"作者为什么要感谢两位老人一辈子？

_____

_____

3. 文章题目"人生如梦，有爱同行"，结合文章内容概括下具体表现为哪几种爱？

_____

_____

最单薄的最凝重

名师导读 ▶

　　每一个人都是一颗闪亮的星，虽然平凡，虽然也有缺点和不足，但他们身上善良的本质散发着人性的光辉。文章用质朴的语言记叙了"我"的老乡张立强的几件小事，仔细研读，感受人物可贵的品质。

　　虽是老乡、同年兵，可几乎没怎么交往。^①那时候，我们都青春迷茫，一切都像风中沙尘，飞行当然是自由和快乐的，可不知道最终到底会落在哪里。与此同时，我骨子里的叛逆也蔓延到了日常行为。一个月八十来块钱的津贴，往往在兜里还没沾到汗味儿就进了别人腰包。尽管如此，我还是不在乎钱，总觉得，钱这个东西，省不来，也守不住。在此思想驱动下，虽然经常一屁股两窟窿，可花钱大手大脚已成惯性。尤其同年老乡聚在一起，几乎每次，都是我招呼到外面小餐馆吃饭，一个个酒足饭饱后，我留下买单。

❶ 比喻的修辞手法，形象地写出我们青春时期的自由随性。

① 简短介绍张立强的处事作风，先抑后扬，为下文做铺垫。

与我相反，张立强和其他老乡无论什么事情都步步为营，稳扎稳打，甚至，还存钱汇给家人用。在个人发展上，别看他们平时木讷老实，屁大点事跟个老鼠似的，可一到关键时刻，当仁不让不说，还极善于左右勾连。①时间长了，我觉得自己和这帮子老乡实在不是一路货，不自觉渐行渐远。几年后，张立强从基层单位调到后勤部直工科，虽还是士官身份，可和我同在一栋楼办公，抬头不见低头见。后来我听人说，直工科有一个战士漫画画得好，新闻报道也写得好，还能拍照摄像。我开始不知道那人就是张立强，有次科里的新闻干事拿着一张《空军报》，指着一幅漫画对我说，这作者好像是你老乡，还是同年兵吧？

② 幽默风趣的语言，表现出张立强被"我"夸赞时的喜悦和兴奋，也体现出他的淳朴。

这大出我意料。有几次上班，在路上碰到，张立强很友善地给我打招呼。两人并肩走的时候，我问《空军报》的漫画是不是他画的。②张立强黝黑色的脸立马水涨船高，大幅度的笑把他白念念的牙齿都衬托得有了几分热烈的光泽。我说："你小子还会这一手？真看不出来啊！"张立强捂住嘴，又抹了一把脸，把笑强行摁下去，说："你就是三角眼看人，不是残疾就是缺角掉毛的。"此后，我不断在《空军报》读到署名张立强的各种漫画和新闻报道。心里也想，也算不错。老乡当中，有一个能把自己的名字变成铅字的，说起来也算脸上有光。这可能是我个性，从来不嫉妒别人的才能。这里面，可能还有一种作为干部的某种优越性作祟。

此后几个月，我从唯一一位过从甚密的老乡口中得知，张立强入伍时就结了婚，孩子都五六岁了。我诧异。再一年夏天，家属来队高峰期，满营区都是操着各种口音，花裙子白胳膊如蝴蝶乱舞的家属。①有天下午，张立强把电话打到科里，说晚上请我和其他老乡到家里吃饭。我犹豫了一秒钟就答应了。傍晚，老乡把张立强住的临时家属房挤得苍蝇都落不到筷子上。张立强老婆是老家人，一会儿就搞了一桌子菜肴。一个六七岁的小男孩一直在院子里挖沙玩。我过去逗弄了一下，那孩子猛然扬了我一脸沙。

老乡聚会土话盖天，翻炒的都是陈年旧事，再加上各自在单位的某些不舒服和得恩受宠的事情。大家在一起的时候热闹非凡，兄弟长短，好话说得连蜜蜂都找不到蜜了。到秋天，家里给我介绍了一个对象，要我回去，我说回不去。爹娘就说，你寄回几张照片来也行。那时候，相机相当稀缺。②我挖空心思，才想到张立强。开始以为他不一定答应，没想到，电话打了没十分钟，他就骑自行车出现在机关干部宿舍门口。

我得承认，张立强拍照手艺绝对一流。把我这个堪称丑男的人弄成了明星。他还额外地为我照了几张有创意的照片。洗出来，我自己躺在床上看了一大阵子，觉得这人太英武了，可就是有点不像我。十多天后，老娘来电话说，③那闺女和闺女爹娘看了我照片以后，在手里揉搓了好一阵子还不舍得放下。特别是那闺女，还把照片藏在怀里，到自己房里看。我一听，这就有点问题了。我本意不想在老家找对象，寄照片也是虚晃一枪。谁知道无心插柳柳成荫。还没到冬天，老娘就电话一个接着一个，还搬出舅舅来压我说，再不回

① 请老乡吃饭，再次体现张立强的热情淳朴。

② 通过这一件小事，可以看出张立强是个做事干练且乐于助人的人。

③ 侧面体现出张立强的拍照技术高超，更体现出作者对其才华的肯定。

来就去部队上把我拖回去！

部队生活就是忙，再加上个人私事。虽然与张立强日日见面，但攀谈不多。我总是看他手里提着摄像机、胸前挂着照相机，在办公楼进来出去的。头对头碰到就相互点一下头以示问候，距离远就装没看见。再一年春天，单位让我去基层蹲点。那是一个偏远单位，团机关和下属基层单位都沉陷在沙漠当中。发自阿拉善高原的沙尘暴狂浪无度，吹得人不敢直立行走。有天晚上，我和蹲点单位领导正在开军人大会，一个战士跑进来说有我电话。我到值班室一接，是另一个老乡赵凯。赵凯语气沮丧地说："立强出事了，咱们这些老乡得送个花圈吧，追悼会不用说也要参加吧！"

我怔在当地。连夜返回机关所在地。第二天一早，就和赵凯等人一起，到营区外小镇上买了花圈。又去银行取了一些钱。上午追悼会，墙壁上挂着张立强一张放大的黑白照。他妻子哭得瘫在地上。① 我站在队列里，看着张立强的遗像，猛然觉得他眼睛还在转动，且有意味地盯着我。我一阵惊悚，急忙把头低下来。领导在悼词中说，张立强同志是在参加搜寻试训残骸任务时不幸遇难的。危急关头，张立强同志推开其他两位同志，自己却被倾覆的车砸倒在沙地里……我眼泪下落，心疼。鞠躬的时候，② 一个小男孩从门外疯狂地跑了进来，拨开长长的队列，径直跑到张立强遗像下面，大声喊说：爹！爹！爹！你下来抱抱俺呀……男孩一边哭，一边手抓脚蹬，那架势，是想要爬到墙壁上去。

❶ 作者以前认为和张立强不是一路人，但是后来在慢慢的接触中发生改观，体现出作者以前对于张立强的误解的后悔和惭愧。

❷ 通过对动作、语言、神态的描写，展现出小男孩的悲恸欲绝。

延伸思考

1. 文章主要记叙了有关张立强的哪几件事？

_____

_____

2. 试结合文章内容概括张立强是一个怎样的人。

_____

_____

3. 试分析文中"我"对张立强的情感变化过程。

_____

_____

你的内心有一片阔大的天空与亮光

名师导读 ▶

　　单调的军营生活，总有那么一些人，他们平凡、普通，甚至微不足道，但心里却始终有着最质朴无华的善良和责任感，以及博大的爱。阅读文章，感受作者笔下人物丰富、高尚、光亮的精神世界。

❶ 设置悬念，引出下文对牛亚磊与大西北、玉门关的渊源和故事的回忆。

　　某年初冬一个晚上，接到一个电话。一听，就知道是牛亚磊。他是河北籍战士。说了一些客气话。① 牛亚磊语气虔诚地说："杨哥，我还想回部队，有没有办法？"我说："扯，你小子提前退伍几年了，还想回部队来，不可能！"牛亚磊叹了一口气又说："杨哥，也不是就是这样的，我觉得还是部队好，更想再回西北……玉门……看看。"听到这里，我也叹息一声说："兄弟，你的想法我完全理解。可没有这样的政策和先例，想回来看看，我随时欢迎。"

　　放下电话，眼前出现一个个子稍矮、脸膛方圆、语速很快，但富有幽默感的人的形象。我记得，在巴丹吉林沙漠军营，很多年前一个夏天傍晚，落日熔金，灿烂辉煌。① 我正骑着自行车从营区马路回家里吃饭，看到一个穿大裤衩、上身挂着一件红背心的小伙子迎面走来。因为肚子饿，我把车子当成了越野车，闪过去之后，猛然想到，刚才那个小伙子，应该是我们单位新分来的那名战士吧。

果不其然，在雷打不动的周五科务会上，我见到了牛亚磊。科里七八个干部，三四个战士。干部分工不同，各司其职，战士大都是在文化活动中心和体育馆工作。在七零八落的"星星"当中，战士的"拐把"简章显得寥落。科长在讲话，我瞄了一眼牛亚磊。② 他跷着二郎腿，斜着脑袋，一副心不在焉的样子。我心想，这小子，估计很快就会到基层的。

两个月后，我由宣传科到基层连队任职。因为试训任务重，手下有七八十号人，忙了白天，晚上还得看这帮小子们睡好没有，遇到有心事和实际困难的，我这个指导员必须帮助解困。当兵的走在一起，就是兄弟。一个连队更是如此，一损俱损，一荣俱荣。涉及个人更是如此。有天晚上，巡查了一圈，兄弟们都累得鼻息均匀了，我回到宿舍，正在洗漱，电话响了。

他说他是牛亚磊，想到基层单位去，可没有熟悉的人。他的意思我明白，也觉得自己的预想果真没错。我说你来吧，我明天给军务部门说一下。他沮丧的口气立马振奋起来，说："还是老乡好，杨哥够意思！"我说："你就别扯了，能不能到我这里来，还要军务部

❶ 对牛亚磊的衣着描写，也是牛亚磊给"我"的第一印象，为下文表现他的个性埋下伏笔。

❷ 对牛亚磊的动作、神态的描写，直接表现了牛亚磊是一个有个性的"刺毛"，暗示他很快会下基层连队的。

门和领导决定。"他口气又沮丧了一下，说："有杨哥出面，肯定没问题。"军务科长是当年接我来部队的老领导，我电话说了情况，他笑着说："那小子有点刺毛，在宣传科和其他几个战士闹不来。"① 这个情况我也清楚，就对老科长说："我觉得，好像没有不好的兵，只有不会带的人。"科长说："你有信心就好。"

① 既是对牛亚磊的关爱和帮助，又是"我"作为一名军人干部的胸襟和气度。

我所在的连队，处在巴丹吉林沙漠深处，距离基地机关所在地还有80公里。一出门就是茫茫戈壁，再远处，是黄沙如金、层层叠叠的沙丘。天空常年湛蓝，还幽深得似乎是通天之路。我趁去机关开会的时机，把牛亚磊接了过来。初来乍到，牛亚磊很乖。② 我先是让他去饭堂做饭，又让他跟着老战士上雷达。这小子也很争气，各方面都做得比较好。快过春节时候，政治处下通知说，各连队找些文艺骨干，弄几个节目，元旦举办一台晚会。我五音尚全，勉强会唱《军歌》和《十五的月亮》。连队里那些兄弟们，百分之八十的就知道干吼，要找几个能上台表演的还真难。

② 体现出牛亚磊是一个表面随性，实则很有责任感的战士。

我没想到，牛亚磊居然会唱歌，还会说相声、演小品。我赶紧把他利用上。再加上另外两个战士，凑俩节目没啥问题。这时候，牛亚磊对我说："指导员，全是一个光棍棒子上台演节目有啥意思，咱得找点姹紫嫣红才好吧？"③ 我说："你小子异想天开，这兔子不拉屎鸟儿飞断翅的不毛之地，除了沙枣花有母的以外，连芨芨草都干支棱着。"牛亚磊诡秘地笑了一下，凑近我小声说："那边'大漠酒家'有一个女服务员，唱歌唱得特别好。"我一听，瞪着眼睛问他："你怎么

③ 风趣幽默的语言，影射了沙漠戈壁的荒芜，军营生活的单调和单纯。

知道的。"牛亚磊嘿嘿一笑，说："指导员，除了你不知道以外，咱四团外面的每一颗沙子都晓得！"

也算是凑巧，我们连队的节目大受好评。那位叫刘亚梅的女孩子是主力。当然还有牛亚磊和另外两个战士。我代表连队上台领最佳组织奖。牛亚磊也上台领了奖品，团政委亲自为他发奖。在连队军人大会上，我表扬了牛亚磊等三名战士。私下又把牛亚磊叫到办公室，对他说，把奖品送给刘亚梅合适。^①我话刚出口，牛亚磊脸就成了一朵花，转身出门就直奔"大漠酒家"了。转眼到次年五月，基地组织篮球联赛，政治处人手少，就让我带队到机关所在地参加比赛。我叫上牛亚磊打杂。有天晚上，政委来给球员们鼓劲，我叫人去买水，可找不见牛亚磊。

到第二天早上，还不见人，我正气急败坏，和连长商议着上报团里。电话响了，是甘肃玉门的号码。我接住，话筒里传来牛亚磊的声音。他说，指导员，杨哥，我非常对不起你，自己偷跑到玉门来是因为……我没听他说完，就劈头盖脸骂了起来，说你这个小兔崽子，跑出来也不给老子说句话，害得老子和连长挖地三尺……我咆哮了一通，牛亚磊悠悠地叹了一口气，带着哭腔说，指导员，我不对，对不起你和连长。可是，你们能不能等我回去，再细细给你们说？我看了一下连长。连长也在气头上，正要继续咆哮，我摆了摆手。

^②两天后，牛亚磊回来了。一进门，脸上就挂着两行热泪，眼睛红肿得像李广杏。几天后，他申请提前退伍。我和连长劝了他几次，参谋长和政治处主任

① 牛亚磊与刘亚梅的友谊和感情可见一斑，为下文牛亚磊出人意料地偷跑玉门关和提前退伍的行为做了铺垫。

② 出乎意料的行为，暗示牛亚磊偷跑玉门关是有原因的，设置悬念，扣人心弦。

也是这个意思。无奈牛亚磊去意已决，办理了提前退伍手续，我去送他。到酒泉市，牛亚磊提议再去一次玉门。我点了点头。俩人灰头土脸到玉门镇后，找了一辆摩的，又狼烟滚滚地去一个村子。到了村庄外围一面大戈壁滩旁边，牛亚磊带着我，走到一座新坟前跪下放声号啕。我也脱下帽子，向那位突患白血病去世的名叫刘亚梅的女子的坟墓鞠了三个躬。① 到牛亚磊入伍时的城市，我抱了抱他，低声说，"兄弟，你的心里有一片阔大的天空和光亮。"

❶ 结尾点题，赞扬了牛亚磊的善良、重感情。

延伸思考

1. 文中的牛亚磊是一个怎样的战士？结合文章内容进行概括。

_____

_____

2. 文章结尾说"兄弟，你的心里有一片阔大的天空和光亮"，请理解这句话所表达的意思。

_____

_____

3. 文章多处运用设置悬念的手法，试举例说明。

_____

_____

姓爸爸的人

名师导读 ▶

　　本文是杨献平的一篇叙事散文，文章用平实质朴的语言，回忆了儿子成长过程中的点点滴滴，饱含父子深沉的爱，既有生活琐事的细节描写，又有对人生哲理的思考。仔细品读，抓住关键语句，体会人物情感。

　　大儿子杨锐在酒泉卫星发射中心医院（解放军第五一三医院）剖腹产下了——另一个我和我们。此前，我一直想要个女儿（女儿让我觉得了人生当中最柔绵、仁慈和光亮的部分），但是儿子（多一些自由、桀骜、强悍、责任和勇气）也好——护士抱他走出产房，我只是看了他一眼——他也睁着眼睛，黑黑的，眼光扫过我（懵懂甚至无动于衷），很快又被送进婴儿护理室。我担心儿子的妈妈（此前，听说了太多产妇因出血过多而离世的事件），没有和他外婆一起跟着护士去看他。确认她安然无恙之后，我才去认真看了他——果真是

① 儿子简直是"我"的翻版，他是"我"生命的延续，两个长得近乎一模一样的人，一大一小，有着无法割舍的血缘关系，这是一件很奇妙的事。

② "火焰""架在火堆上的一个大蒸笼"，运用夸张和比喻的修辞手法，传神地写出巴丹吉林夏天热的程度。

❸ 我对儿子未来的畅想，正是我对儿子不可替代的爱的体现，亦是我初为人父的喜悦。

另一个我，尤其是脸型，但眼睛、嘴巴比我好看（后来，见到的人都说，儿子简直就是我的翻版）。① 趴在婴儿床前，我忽然想起多年前那个于今看来并不"奇怪"的想法——另一个我真的来到了与我同在的这个世界——如此真实，又如此陌生。

② 巴丹吉林夏天热得遍地是火焰，我们住的宿舍楼大致修建于 20 世纪 50 年代末期，一色苏联模式建筑，二楼（顶楼）简直就像是架在火堆上的一个大蒸笼。每天搓洗尿布，他黑色或者黄色的粪便有色无味——我第一次不怕脏，抓起污迹斑斑的尿布在水中猛搓、漂洗——由此想起自己小时候，父母也是如此这般……人说"养儿方知父母恩"，从那时候，我懂得了父母之爱之难——为自己当年对父母反抗甚至忤逆感到惭愧。

没过多久，我们搬家，和很多人一起住在废弃的幼儿园内——好像是医护室，浓郁的苏打水味经久不散。儿子在慢慢成长，出第二颗牙齿时，就开始叫我爸爸了（我第一次享受到了这一种被尊称、被证实、被接受和被认可的欣悦和幸福）——③ 我总是在想：是谁让他来到我的面前，成为另外一个我？我该怎样对他？他将来会是怎样的一个人，将来从事什么样的职业？有着什么样的品质？

夜晚的窗外，两棵老了的杨树不停拍打手掌。有月亮的晚上，可以看到很多闪光的沙子（甲虫在上面不知疲倦；老鼠从这幢房子跑到另外一幢；鸟雀在枝头梦呓；滴水敲打时间的骨骼），儿子（与我们家族和平民历史血脉相连、不可分割的人）在我们身边呼呼而睡，身上每一个地方都是圆的，棉花一样的皮肤散发着浓郁的奶香——①我从额头亲到脚，喜欢把他的一只手或者脚整个含在嘴里，轻轻咬（往往口水涟涟，情不自禁）。喜欢在月光下看他的样子，努力想象他未来成长的每一个可能的细节——冬天，一场大雪覆盖了巴丹吉林，也冻裂了水管，每天早上，门口和窗缝上都结着一层洁白的霜花。

一个偶然的机会，我们才听说，我们的隔壁，另一家居住的房间，很早之前有一个人割腕自杀了——第二天，我们便搬到了一座宽敞的楼房里居住。儿子对此浑然不觉，喝奶还是从前姿势，睡觉喜欢蹬被子、翻身，有时候会突然哭起来；有时候咯咯笑，哭完、笑完，又恢复原状。没过多久，儿子发烧40摄氏度，我连夜打车到上百公里外的医院——护士把他头发刮掉，从头上输液——我害怕，极力阻止，护士说，婴儿只能这样，要不从脚上扎？他妈妈和岳母也说没事的，孩子都这样。

2003年初冬时分，我们带着他回到了我出生并长大，且有过无数刹那幻想、幸福、疼痛和悲伤的地方（生身的欢愉；苦难和自然的成长生活）——南太行的乡村到处都是寒冷，温热的白天，枯草围绕的家居，野兔的近邻。儿子和侄女儿——弟弟的女儿，他的姐姐一起，玩得天昏地暗。②有时候打架，儿子总是占先，举着两只小手，或者摇晃着抬脚踢腿。几次之后，小侄女儿便不再反抗，一挨打，便哭起来，跑出好远。儿子站在原地，照旧——继续摆弄自己的兴趣和战利品。

① 细节描写，表现出作为爸爸的"我"对儿子难以言喻的爱与欢欣。

② "举着""摇晃着""抬脚""踢腿"，一系列动词传神地刻画出一个可爱又调皮的小男孩形象。

45

再一年夏天，在南太行乡村，儿子四岁了，这也是我工作后在老家待得时间最长的一次。农活之外，我带着母亲、小姨妈，伙同弟弟和几个小侄子、侄女，到附近的地方去游玩，儿子跟着爷爷和已经上学的小侄女，在院前院后玩耍（那里有他喜欢的蝉衣、甲虫、飞鸟和蜗牛）。①儿子常常要爷爷给他摘未成熟的苹果，让奶奶背着到山下的小卖部买吃的；与弟弟的小女儿争着让奶奶背和抱时，儿子常常以"我小""我是奶奶的孙子""我回家少"等为充分借口，将姐姐说得哑口无言，只能一步一颠地步行。

乡村的夏夜从地面升起，有时候是穿过烟岚进入到每一个角落，太阳被山峰收买，归圈的鸡们一声不吭，白肚皮的喜鹊和俗名"弹弓"的黑鸟（大致是鹰隼的近亲，嘴尖爪利）聚集树巅，把村庄吵闹得一无是处。活泼忘我的儿子沉静起来，站在薄暮的院子里，一遍一遍冲幽深河谷、对面山坡和马路、层叠田地不妥协地喊："爸爸""妈妈""爸爸""妈妈"……稚嫩的声音好像一把刀子，听到让人心颤，继而心疼。有好几次，我在对面马路上听到，眼泪哗的一声涌了出来——恨不得一步蹦到儿子面前。

我母亲说：每次都那样，只要你们回来晚了，或者不在家，锐锐就站在那里喊爸爸妈妈。怎么叫，怎么拉都不回屋——②他一定与我有着某种难以言说的默契，有着与我割舍不断的情感维系——他就是前生的我，或者我就是前生的他（一个人成为另一个人的延续，其中不仅仅是巧合。我相信，冥冥之中还有一

① 一个口齿伶俐、聪慧、又有点撒娇和"霸气"的小男孩形象跃然纸上。

② 儿子是"我"生命的延续，父子之间的默契与割舍不断的情感，正是因为彼此血脉相连，"我"中有他，他中有"我"，不可分割。

种看不到的手掌，在灵巧安排）。我们就这样轮回着——交替着，像两个永不分割的生命，我中有你，你中有我——再回到巴丹吉林沙漠，儿子很快转换角色，进入另一种地域和人群的生活之中（或许他对自己出生之地有着天然的认同感）。① 秋天黄叶随风飘飞，尘土像是沙漠的翅膀，乘着长风飞翔。天气晴朗的时候，儿子会和他妈妈一起，到户外的文化广场、活动中心及两座人工湖边去玩，每次都跑得满身大汗，嚷着吃冰淇淋、喝饮料。有时候主动要求去吃牛肉面（这一点与我截然相反），也像我一样喜欢吃米饭，但比我好吃肉（一天没肉都不行），每次能吃我的两倍。

有一次在姥姥家，下午煮米粥，儿子走过去看了看，对岳母说："放点肉嘛，姥姥！"岳母说："中午刚吃了，下午喝米粥好。"儿子不高兴了，努着嘴唇抗议说："不放肉，你这饭咋吃啊？"说完，就朝门外走去——肉食主义者，据说具有创造力、攻击性和不妥协的进取精神——从一开始，在儿子面前，我就没准备把自己当威严、高大和唯我独尊、十全十美、百般无错的爸爸看待，我想我是他的朋友抑或兄弟，是两个不同年份出生，但却要同在这个世界生存的，最相像和最亲密的男人组合。

成长，不仅仅是肉身，还有意志、精神、素质和灵魂——我的训斥和教育是徒劳的，只能被反抗（自食其果）。② 儿子也从来没把我当作具有威慑力的"爸爸"看待，在他心目中，我只是一个时常使劲抱着他拍他后背的男人，时常在床上与他打闹的人，时常咬

❶ 风过，尘土肆意飞扬。作者把"尘土"比作"沙漠的翅膀"，乘着长风飞翔，想象丰富。在作者眼中，恶劣的天气和环境也富有了诗意。

❷ "我"与儿子日常的相处模式，既表现了父子二人的平等、和谐、亲密，又表明"我"是一个温暖、开明的好爸爸。

他手掌、与他争抢玩具、在他妈妈面前"告状"的"爸爸"。他很调皮，又很安静（前者是爬高上树，独自下水，玩双杠，独自跑很远的路回来找妈妈；坐在汽车上就想开着跑。后者则是有时候一天不出门去玩，不愿叫任何同学和朋友，一个人拆装玩具，看动画片，一句话不说）。① 我想前者是儿子继承了我幼年的脾性；后者则抄袭了我现在的精神状态。

到幼儿园，那么多的孩子，他是最老实的一个，时常坐在不起眼的角落当中，不参与老师组织的活动，不与其他同学打闹——这大致是他最初的交流方式有关：不愿与人分享，生气时常说：不给你玩了。这导致其他孩子对他的疏远和排斥心理——我当然不能对他讲"人的社会属性""与人和谐为贵"等空洞的道理。他妈妈一次次邀请熟悉的家长带着孩子来玩，让他们一起做游戏、背儿歌和看动漫，让他们争吵、抢夺、甚至打架——一个月后，儿子在幼儿园重新活跃起来，还参与了六一晚会，跟着一群小孩子在舞台上表演舞蹈节目（《中国功夫》）。

我揪心——直到现在，我仍旧是一个自卑的人，不愿意出入有很多人参与的各种场合，哪怕是熙熙攘攘的街道和集市，我都觉得非常别扭，好像有无数的眼睛在轻蔑，无数的嘴巴在嘲讽——这种心理疾病大抵是十八岁前后在乡村的生活境遇造成的，也或许是自小贫苦、常受欺辱造成的——在儿子几次被同学合伙欺负后，我与他妈妈一致的意见是：② 鼓励儿子与人拳来脚往，但不要找事，动辄欺负别人——只要自

❶ 儿子是"我"生命的延续，他身上有"我"强大的基因，与"我"有着相似的性格；同时又在"我"的教育和关爱下长大，受"我"为人处世的影响。

❷ 与众不同的教育方式，正是"我"年少时的经历对自己性格影响的写照，无所谓对错，亦不是思想的偏差，只是对生活的态度和看问题的方式有差异，正所谓过分的善良就是愚昧。

己受到欺负，不要哭，一定要还击，而且越强悍、越
凌厉越好。

这样一种灌输——"仁慈博爱"是一种境界，而"适
者生存"何尝不是世界的真相呢？教给一个刚刚六岁
的孩子以暴易暴、捍卫自身，我想这可能是方式的问
题，而不是思想的偏差。我也时常觉得：儿子性格和
内心像我——过于柔弱了（有几次放学路上，被高年
级同学合伙欺负，鼻子出血，还有一次被同学抢了玩
具，只是哭，不敢追要）——① 对蚂蚁、甲虫及其他
生命的怜悯和喜欢是本性，对同类的关怀和仁爱是品
质，而对同类乃至外来的力量所给予的伤害和疼痛——
我想这应当就是反抗和还击的理由吧。

❶ 由生活小事到
人性的思考。

促狭、阴暗的性格与心理，我不喜欢甚至——所
幸，儿子没有，从来不背后捉弄和戏弄其他人——格
外看重友情（我去接他，他要步行和要好的同学一起
走；或者让我把他的同学也接上，送回家里），还有一
种锄强扶弱的道义精神（时常给受欺负的同学打抱不
平，别的同学要打自己要好的同学时，他总挺身而出，
拉着逃跑或加入战斗）。每次带他外出，他都不忘给要
好的同学买一份小礼物，过生日只叫自己喜欢的同学。

这令我欣慰，同时也令我担忧——我不知道究竟
为什么担忧……我想，儿子会遇到的……这应当是好
事。② 有很多时候，他突然冲过来抱着我，把脑袋贴
在我的小腹上，一遍遍说："爸爸，我爱你！"我不知
道儿子怎么了，心里一阵感动，眼泪流泻而出。我每
一出差，儿子总会在第一时间出现在我的面前，抱住

❷ 儿子其实是一
个心思敏锐、感情
极其细腻的孩子。
对"我"爱的直接
表达，也表现出儿
子对"我"的依恋
之深。

我说："爸爸早点回来，一路保重，儿子爱你！"这时候，我不知道说什么好，回来时候总是给他买一些好玩、好吃的东西，还有衣服和喜欢的玩具——不然的话，心里就像欠了儿子什么一样，长时间惴惴不安。

很显然，在自己的成长历程当中，我忽略了自身——肉体的变化，这时光中的植物、易碎品和速朽之物。对于儿子，我观察得细致一些，给他穿衣脱衣和同眠的时候，我有意无意看：虽然六岁了，身体上仍有一种奶香或者青草的气息，叫人迷醉和怜爱。<u>①忍不住抚摸和亲吻，把他抱在怀里的时候，我觉得与任何人相拥都不曾有过的感觉……我不知道该怎样表达——想把他一口吞下或压进自己的身体。</u>

❶ 融进骨血里的父爱，表现在与儿子相处的时时刻刻。

儿子肯定不知道我的这种感觉，就像我像他一样小时，父亲用胡子在我脸蛋和胸脯使劲摩擦一样——这种爱是无以言表的，语言在它面前苍白无力。有段时间与儿子分开睡，早上叫他起床——他赤着身子，或是趴着，或是仰躺，或是蜷缩，或者舒展（长长的身体像是一张柔韧的弓，酣睡的表情呈现天性的坦然）。

❷ 儿子小小的背影，优雅自觉而坚定，渐行渐远，"我"好似看到儿子在渐行渐远中逐渐长大，时刻牵扯着"我"爱儿子的心。

吃过早点，儿子出发了，他下楼，我在阳台上看着他走——<u>②他背书包行走的样子让我内心潮湿，他就那么不紧不慢地走，姿势优雅而自觉——每次看他的背影，心中便有一种极其柔怜的感觉，浸软了骨头。</u>放学时候，他和同学们一起走（他们在讨论问题，或者是相互指责。有一段时间，儿子一直对一个喜欢在路边撒尿的男同学进行不妥协的"口诛"，每次都把那个同学说的唔啊啊地哭着回家；后来又专注地保护一个比他个子矮的同学，每次都要把对方送到家门口才回家）。有时候我去接他，他总是像鱼一样在众多的学生当中穿梭，被我逮住才不情愿上车。

相对而言，与同学一起回家，自然多了一些趣味——毕竟是隔代人，他一定体会到了与我在一起的枯燥。每次放学回家，洗手，吃饭后，就趴在桌子上写作业——勤奋而认真，有时候背课文给我听——他给我讲解其中的意思（对儿歌当中的蚂蚁、风筝、狐狸、狼、小猪、刺猬、乌鸦等动物尤其感兴趣，会把它们的故事绘声绘色、添油加醋地讲给我和妈妈听）。有时候让我给他画一些图形——这方面我是笨拙的，总是画不好，有时候他帮我校正——每次做完作业，都要我以他的口吻给老师写一张纸条——他说我写："杨锐回家第一件事就是写作业，课文背得又快又好，声情并茂。请老师检查。谢谢老师。"再后来改成了"杨锐把语言老师布置的作业做完了，请老师检查。谢谢老师，老师您辛苦了。"

从儿子这些话当中，我觉得了一种敬畏，或者说一种无意识和无条件的顺从——其中还有一些讨好的成分（这些话大致是老师教给或者有意引导他们的）。① 有好多次，我对儿子说出自己的想法——还没说完，儿子就急得脸红脖子粗，与我争吵说：同学们都这样，老师就是这样说的（刚学前班，就获得了这样的思想意识，叫人担忧）！我还要辩解，儿子扭头走了，找妈妈签字，好久不理睬我。

长时间在偏僻的沙漠地带生活，儿子像我一样不谙世事，单纯透明。背的书包一天比一天重，夏日上

❶ 由写作业的细节引发对当时教育现象的思考。

下学之间，要穿过大片的楼房和暴烈的阳光，T恤湿透，脸庞黝黑。我觉得心疼，每隔一段时间，就和他妈妈带着他去酒泉或者嘉峪关玩耍——在广场和公园，让他玩遍所有的游戏项目。①高兴了，儿子说：今天我高兴得像乌鸦。若有一点不顺心，便嘟了嘴巴，说：我的心情坏得像鳄鱼。

❶ 充满童趣的语言，是儿子率真的表现。童真的理解，这就是孩子的世界。

我听到了，觉得新鲜，但实在不知道"乌鸦""鳄鱼"和他的心情之间到底有什么联系（当他和他们长大，现在的汉语词汇恐怕要被再一次地刷新和颠覆）。最近的一次，儿子忽然把我叫作"姓爸爸的人"（无意识的隆重赋予、期望和肯定），这个词语让我有一种前所未有的震撼——或许儿子是无意的，只是与我矛盾时不想直呼爸爸，以此表示自己的一时好恶，但对于我而言——儿子这句"姓爸爸的人"绝对是一个空前绝后的创造。

❷ 从哲学的角度客观表达"我"和儿子的人生轨迹关系。

②我想：我和儿子，是处在同一平面的人，也是相对的两个个体生命、两个人、两个世界、两个相交但却越走越远的点、缓慢而迅急的圆规、根系相连的的丛生植物、一前一后奔跑的两只动物——儿子时常会对我说：爸爸，等我长到你现在的样子，你就像姥爷一样老了（或说：你就是一个老头子了）。我看看他，眼神苍茫，情绪沮丧，摸摸他的脑袋，不知道说什么好。儿子看着我的表情，接着说：爸爸，我觉得伤心！我听了，内心犹如雷声滚过，一阵撕裂的疼痛。儿子哭了，眼眶红红的，把脑袋依在我的胸脯上，吧嗒着小嘴说："你是姓爸爸的人，我是姓儿子的人。咱们是两个人，一个是爸爸，一个是儿子。对不对？"

延伸思考

1. 文章多处细节描写表现了父子深沉的爱，试各举一例进行赏析。

_____

_____

2. 文章结尾儿子吧嗒着小嘴说："你是姓爸爸的人，我是姓儿子的人。咱们是两个人，一个是爸爸，一个是儿子。对不对？"试从不同角度分析这句话的表达作用。

_____

_____

3. 当儿子受欺负时，"我"与妻子一致的教育方式是，鼓励儿子拳来脚往，不惹事，但受到欺负时，一定要还击。你认同这种教育方法吗？说说理由。

_____

_____

李广杏

名师导读 ▶

作者长期生活在巴丹吉林沙漠，对大西北特有的水果"李广杏"情有独钟。其实作者魂牵梦萦的不仅仅是李广杏，而是因为这杏子承载了太多美好的回忆，作者怀念的还有与之相关的人和事、物和景。

是杏子！2014年端午节早上，我还在睡梦中，就嗅到了一股浓甜的香味，不知从何处袭来，在我的鼻腔里快速流转、蹭得我直痒痒。忽然醒来，打了一个很响的喷嚏，然后说给妻子。①她说，你又想巴丹吉林沙漠了吧！这时候杏子也快熟了。起床到客厅、阳台，好像要找到那香味的来源。俯身的窗外是绿匝匝的树木，围困着小区和邻近的财会学校。转到儿子房间，杨锐那小子还歪斜着身子呼呼大睡。妻子说：等儿子放假，你带着儿子先回去。

① 是爱吃巴丹吉林的杏子，还是想念巴丹吉林沙漠？抑或是想念生活在巴丹吉林的人？开篇设置悬念，吸引读者。

从 1992 年到 2010 年，除了在上海读书的几年，我大部分时间都在西北那片叫作巴丹吉林沙漠的地方。妻子是酒泉本地人，儿子在酒泉卫星发射中心医院出生，并在单位子弟学校读到小学三年级。① 可以说，巴丹吉林沙漠是我个人的青春流放地，其中包含高浓度的迷茫、欣悦、疼痛、幸福、绝望与梦想。

2010 年年底我调成都工作。繁华都市与瀚海之地不仅是两种地域风貌，更是两种生活和精神背景。

人是时间的携带物。起初一年多，对脱离沙漠进入城市我很满意甚至得意，可时间一长，却发现，自己心里热爱和喜欢的地方还是巴丹吉林沙漠。毕竟，我在那里开始成年后的人生，并在一个人的路途上先后收获了妻子和儿子。这么多年来，巴丹吉林沙漠消解了我的个人年华，也给予了我诸多真切的安慰。

②2013 年以来，每当端午节前后，虽身在遥远的成都，我还是能够很强烈地嗅到一股杏子的浓甜香味。而这时候，远在河西走廊北段的岳父家后院子里的杏子也真的要熟了。我还在巴丹吉林沙漠的时候，每当杏子成熟，岳父母总要叫我回去吃；我忙的时候，他们就摘些送到单位来。

那杏子叫李广杏。不用介绍，仅从名字看，任谁都知道，这种果实是以一个人名来命名的。飞将军李广，陇西成纪（今静宁）人，他出身的村庄叫李店镇，镇前有一片城市废墟。据说，那是李广乃至李世民家族的发源地。③ 从史书上看，李广在山西雁门关、陕西

❶ 几个词语高度浓缩了"我"在巴丹吉林沙漠的生活和情感经历。"我"的整个青春年华都奉献给了巴丹吉林，在那里有过"我"的哭，"我"的笑，"我"的躁动，"我"的静思，"我"的成功，"我"的失败，"我"的爱情，"我"的事业，那是让"我"刻骨铭心的地方。

❷ 远隔千里，怎么可能嗅到巴丹吉林沙漠岳父家杏子的甜味？其实并不是嗅到杏子的甜味，而是对热爱的巴丹吉林的想念。

❸ 虽然李广将军似乎从没涉足河西走廊，但河西走廊一带的人们仍然用飞将军李广的名字给杏子命名，表现出大漠人对英雄的敬仰，这也是一种地域文化的体现。

榆林、河北易县、内蒙古鄂尔多斯及阿拉善、宁夏灵武、甘肃平凉等地抗击过匈奴，似乎从没涉足河西走廊。但河西走廊的人们却把这一种果实命名为李广杏，应当是民众对英雄的一种敬仰和纪念方式。

人生如此，才是真正的不朽。

河西走廊的杏子有很多种，从体形看，有大中小三种，名称一律为李广杏。第一次吃这种杏子，是在单位外面的菜市场。那时候，我还是一个二十岁出头的小伙子，周末和几个同乡到菜市场逛，在众多的蔬菜水果之间，蓦然被那一种颜色金黄、体形若桃的果实吸引了。记得幼年时候，老家南太行村庄也有一种很大的杏子，但很少，我们想吃，只能贼一样去偷。有几次不幸被树主人抓住。见我们是孩子，只是上前呵斥一顿，把"赃物"收缴，不做任何惩罚。树主人高兴时候，还主动给我们几个杏子吃。

我没想到，沙砾横陈、阔大无际的沙漠当中，竟然还有这么好吃的水果。当即买了几斤。也顾不得冲洗，就塞进嘴里。① 表面看起来坚硬的杏子一进嘴巴，立刻就成了一团浸水的棉花，再轻轻一咬，唰的一声，甜浓的汁液就箭矢一样在口腔乱射。根本不用牙齿，舌头来回动几下就可以咽下去。黑色的内核也自动脱落，吐出来，比水洗还干净。

吃了一个，再往嘴里塞一个。其他同乡也是。不到五分钟，两斤二十多个杏子就成了一堆黑核。我又返身，一溜小跑到原先的小摊前，却发现，杏子早就

① 用"一团浸水的棉花"形容杏子的绵软，用"箭矢一样在口腔乱射"形容杏子多汁，读来让人忍不住口齿生津。语言形象，富有表现力。

卖光了。

相对于苹果梨、苹果、桃子、西瓜、葡萄、香梨、白兰瓜、黄河蜜、哈密瓜等西北特有的水果，李广杏保质期最短，即使放在冰箱里，不过三天就烂得不能吃了。①从这个角度说，无论在枝头还是保鲜柜里，<u>李广杏从不改脾性，也不等人。这一点，倒是与飞将军李广的性格一致。</u>

几年后，我遇到了现在的妻子。第一次去她家，就在后院看到两株杏树。一棵巍然庞大，树冠笼罩足有两间房屋。一棵略微小点，在大杏树十米开外站立。远远看，这两株杏树，似乎一个母亲和她的孩子，默默跟从，又仁爱相对。

起初，岳父母觉得我是一个外地人，不可靠，个人前途也不明朗，就有点不太乐意。所幸，妻子那时候不嫌弃我，经过一番工作，我和她的关系算是明确了下来。每逢节假日，我就坐车到未婚妻家。

沙漠的春天要比内地晚一个月左右。某一天，我坐车到未婚妻家，天光还亮，和她一起到后院，就嗅到一股浓烈的花香。张眼望去，就看到了那两株杏树。众多粉红色的花朵挂在尚还光秃的枝桠上。<u>起初纹丝不动，一阵风来，它们微微摇晃，犹如一群粉嫩的婴儿在吮吸母乳。</u>

未婚妻以为我不知道那是什么树。我说是杏树。她惊诧了一下。我又对她说了小时候偷杏子的糗事儿，她听得咯咯笑。又对我说：再过两个月，端午节前后，

❶ 把杏子拟人化，"从不改脾性，也不等人"，形象生动地写出了李广杏保质期短的特点，也从自己理解的角度把杏子与飞将军李广联系在一起。

杏子就熟了，那时候我想吃多少就有多少。我知她所言不虚，那稠密的花朵就是前兆。两个月后，我刚一进门，未婚妻就端着一盆黄艳艳的杏子放在我面前。①我一看到那杏子，口水如潮，一次次冲刷口腔，顾不得洗手，抓住一个就塞进嘴里。

❶ 夸张的修辞，加上"冲刷"、"抓""塞"一连串的动作描写，表现出"我"对杏子的偏爱。

吃到第五个，我才放慢了嘴巴的动作。也才发现，李广杏与南太行老家的杏子截然不同。南太行乡村有一种野杏子，体形小，味儿巨酸，内核特别硬，杏仁苦如黄连。另一种是嫁接的，成熟时体形有小孩拳头那么大，虽然也甜，但汁液较少。李广杏皮薄如膜，而且柔韧。杏核拇指肚大小，吃掉杏肉，再用锤子砸开，杏仁也极其饱满，剥掉一层皱褶的黑皮，里面的仁儿白如脂粉，咬时发脆，微涩，但越嚼越香。

再一年，我们结婚。每年端午节前后，岳父母都喊我们回去吃杏子。②有几次，我出差在外，岳母就念叨说我啥时候回去，杏子都快没了！我实在赶不回去，她和岳父就让杏子在树上挂着，并且想天气阴下来，不要杏子熟得太快，自己掉下来。若是我没吃上，见面他们就念叨，语气里全是遗憾。

❷ 言语之间都是岳父母对"我"满满的爱，就像那香甜的杏子一样，让人温暖而幸福。

有一次我在酒泉市的一个菜市场发现一种干了的杏子，表皮皱褶、略黑，浑身沾满尘土。上前一问，也说是李广杏。卖主说，这是产杏子较多的临泽县、玉门镇、清水镇、高台县等地，人吃不完，也不能运到远地方卖掉，烂了可惜，就摘下来晒成杏干，作为干货售卖。我买了几斤，回来一吃，却发现干的李广杏只是一种黏牙的甜。杏仁倒是还可以，但苦味也很浓郁。

岁月倥偬，人生迅即。①儿子出生、上学，生活如刀，也如蜜糖。无论再忙，一有时间我们就回岳父母家。到成都后，因为距离远，去的次数就少了。可每当李广杏熟时，岳父母就打电话来叫我回去吃杏子。2014 年也是，岳父母又电话。正好儿子也放了假，妻子让我先带儿子回去。

②领导在请假表上签字同意，我忍不住自顾自地笑了一下，嘴里和鼻腔里又迅速充满了浓甜的李广杏味道，与之相伴的，还有巴丹吉林沙漠乃至河西走廊那种特有的干燥和空旷的气息。脑子里也映现出两位老人的脸，有皱纹但很仁慈。回想起曾经的沙漠生活，尤其是岳父母和妻儿与我的那些甘苦与共，不由得一阵感动。③我想，回去吃杏子，不过是一个形式，岳父母越来越老，又只有两个女儿，女婿虽然不是亲自生养的，但也可以做他们的好儿子。我一直觉得，巴丹吉林沙漠、阿拉善高原、河西走廊甚至整个西北，都和我们一家人息息相关，始终联结在一起。犹如飞将军李广和河西走廊的"李广杏"。不管时光和人世如何变迁，所有拥有美好品德的人，无论高低贵贱，都一定会得到同类持之久长的赞美和感念。

❶ 生活如刀也如蜜糖，既有苦恼、磨难和历练，又有甜蜜、温馨和幸福。

❷ 李广杏浓甜的味道已经深深地融入"我"的记忆和血脉里，随时让"我"口齿生津；更融入"我"血脉深处的是对巴丹吉林沙漠乃至河西走廊的美好回忆和亲切怀念。"我"想念杏子，更想念承载着"我"的青春记忆的巴丹吉林沙漠。

❸ 杏子在一定程度上成了连接"我"与岳父母亲情的纽带，是亲情的寄托，是爱的表达。

延伸思考

1. 请结合文章内容概括"李广杏"得名的原因。

_____

_____

_____

_____

2. 作者喜爱吃杏子,对杏树的描写也很有特点,试赏析文中画直线的句子。

_____

_____

_____

_____

3. 文章题目"李广杏",作者想借李广杏表达怎样的情感?

_____

_____

_____

_____

第二辑
南太行：
乡村的人事物

凡是美好的，从来就不容易亲近。自然在给予人的同时，也教给了人付出。等量交换在任何时候和任何事物面前，都是有效的。因此，采洋槐花需要技巧，要慢慢来，先用镰刀勾住花团锦簇的树枝，再用手慢慢地摘。一朵一朵的花，就这样被人在它们最为鲜艳的时候，掐断了继续在枝头喷香的曼妙时光。

【2019年上海市高考语文试卷】

阅读下文，完成第1—4题。（15分）

流沙中的弱水河

①蒙语中的巴丹吉林，意为"绿色深渊"。这片名叫巴丹吉林的沙漠，古称"流沙"。从史前到不远的17世纪，这里一直草场茂密，风吹草低，牧人鞭梢儿撩起云彩。但是诗意的名字阻挡不了沙漠的进攻，疯狂的沙漠风云怒卷，摧枯拉朽，聚起黄沙和硬石，日日推进，沙漠强大的攻势使巴丹吉林所包含的绿洲逐渐缩小。绿洲千百年来的顽强坚守和无奈溃退让我感到了时间的强悍和傲慢，嗅到了与自然对抗的弥天血腥。

②但是，巴丹吉林沙漠深处的额济纳绿洲和北部边缘的鼎新绿洲并没有被流沙掩埋。弱水河自始至终都在它的身体之内发出嘹亮的歌声，以清洁的水质营养并支撑着巴丹吉林沙漠和它体内体外的两片绿洲。我不敢想象，如果没有弱水河，今天的巴丹吉林沙漠将会怎样，它的苍黄颜色、浩瀚凶猛的性格都不会被我发现。

③我甚至想，弱水河对巴丹吉林沙漠的光顾、滋润和穿越更像

是上天的安排。我始终坚信，每一个生命都有着自己与生俱来的生存能力和适宜环境，哪怕是一株毫不起眼的青草、藤萝和水藻。因此，我总觉得巴丹吉林沙漠是幸运的，它的幸运当然就是弱水河了。

④其实，我早就应该想到，在干燥的沙漠，如果没有水，没有河流，我们的生命怎么会如此葱茏浓郁呢？

⑤弱水河就在身边。可是我最初并没有发现它的踪迹，只是隐隐地感觉到，在近处或远处的苍茫之中，总有什么在沉默，在隐藏，在呼吸和奔走。这也正是我所忽视了的弱水河，它不事声张，自知自己的意义和方向。

⑥当地人习惯将弱水河称作黑河。两者比较，我倾向于前者，古典、精美、悠远并张力四射。"黑河"太俗了，坦白得让人掀不起一丝想象的波澜，轻率、功利、直奔主题、省略过程。

⑦在巴丹吉林沙漠边缘，长期伏案和单调枯燥的生活让我感到自己不再是一个完整的人，而是一部坏了多处的机器，少却了青草的茂绿和阳光的直射。

⑧夏天的一个傍晚，我走了出来。

⑨骑着单车，我行在满是粗大石粒的乡间公路上。夕阳在祁连雪山的头颅上耀着碎金，细微的东风带着细微的黄尘，蛇一般急速游走。它们擦过了我的身体，进入到我的肠胃，但长久的沙漠生活，已使我逐渐习惯了尘土满面和呼吸憋闷的感觉。公路两旁的白杨紧密相挨，一棵接着一棵，它们的枝桠相互挽着。再庞大的树林也是一棵一棵的树组合起来的，每一棵树的生长就是树林的生长，一棵树的死亡也是一个生命的死亡。树还有我们身边更多的事物，都有自己的生命和尊严。

⑩村庄的炊烟像蛇，扭动着向更高处的云彩靠拢。炊烟的呛人气息令我咳嗽几声。田地边的水渠里浊水涌动，咕咕的声音很是好听。

河水原本是干净的，它的浑浊其实是携带了沿途太多的浮尘。这渠水的响声其实也就是祁连山积雪融化和弱水河的响声。

⑪我们都在水和泥土、空气中活着，河流存在，我们就存在，河流支撑并运载着我们的一切。在鼎新绿洲，弱水河的流动舒展着人的生命，也舒展着树木、花草和鸟儿的生命。

⑫村庄的远处是泛着雪一样盐碱的草滩，数匹马儿、驴子和黄牛在上面脚步缓慢，它们落在夕阳下面，低头吃着弱水河赐给它们的青草。再往远处，就是戈壁滩了，稀疏的骆驼草摇着绿色，它们带刺的身体似乎是为了更好地保护自己身体内那些来之不易的水分。它们比人更懂得珍守自己。

⑬戈壁是干燥的，它满身的沙砾像是巴丹吉林松动的皮肤，一波一波的流沙犹如大地的皱纹，朝向天空张开巨大的喉咙——它在春秋季节连绵的风暴仿佛一声声震天动地的嘶吼。上天和我们都看见了，可是上天睡着了，无动于衷。我们只能看着，听着并忍受着，我们的力量小得出奇。

⑭更远处，就是黄沙涌动的沙漠了，一色金黄的沙漠仿佛不确定的陷阱，一阵狂风就又是一副模样，一阵风后，一座沙丘堆在这里，张开眼睛，就不会再是原来的那座沙丘了。沙漠的变化如此迅速和隐秘。当沙漠战胜河流，风暴袭击我们，我们究竟会不会随着无力的河流走向朽腐？

⑮至少，现在是不会的，弱水河就在我们的左侧，它的影子在巴丹吉林的每寸肌肤上缭绕，河流的影响其实就是生命的影响。河流和它运载的水流，构成了巴丹吉林沙漠和两片绿洲的血液与骨髓，生生不息，活跃在巴丹吉林沙漠的每一寸肌肤。它让我们心存感激！

（节选自《沙漠之书》，有删改）

1. 有人认为第⑨段画线部分可以删除，你认同吗？请说说你的看法。（4分）

_____

_____

2. 从修辞的角度赏析第⑬段画线部分。（3分）

_____

_____

3. 第⑧段在全文的构思中有重要作用，请加以分析。（4分）

_____

_____

4. 评析本文所表达的思想意义。（4分）

_____

_____

记叙一只猫

名师导读 ▶

　　猫，是一种很有灵性的动物，作者用生动有趣的语言，记叙了有关猫的几件小事，表达了对猫的喜爱、赞美。仔细研读，品味文章的语言特点。

❶ 开篇议论，表达了对猫的赞美和喜爱。

❷ 对猫的外貌描写，一只古怪精灵、乖巧伶俐的小猫的形象跃然纸上。

　　① 猫应为兽，却为人养，不知猫会不会感到悲哀；若它的体型如虎，百兽之王的美誉则非它莫属。而猫的一生不懈于自己的职责，其品令人敬佩；敬佩之余，常有它被埋没的感觉。然物物生克，天地玄妙，让人倍感诧异，又无话可说。

　　我 16 岁那年春天，奶奶从姑妈家抱回一只猫崽。养至第四个月，便脱落为一只漂亮的小猫了。② 它全身灰色，棉花一般柔软；面颊上有一团白色，头顶一点黑绒，特别乖巧伶俐。

　　然猫有嫌贫爱富的劣性。一日，母亲说，家里的鼠辈太过猖狂，竟至夜晚越人面颊的地步，要我将奶奶家的那只猫抱来待上几日，待鼠辈收敛之后，再送还奶奶。奶奶心里虽有一百个不乐意，但又不好拒绝。

　　猫来到我们家后，每日辛勤劳作，一刻也不懈怠。它的阵地是在里屋的粮仓边，方寸之地，成了它英勇杀敌的疆场。它专注于每一丝风吹草动，嗅觉与听觉之灵敏，盖人所不能及。^①起初，那些鼠辈久无约束，本来胆小的脾性，忽然膨胀起来，白日里也大摇大摆，不可一世，仿佛此地乃是它们的天堂乐园一般。聚会交游，吱吱喳喳，忽而高歌，忽而细语，令人忍无可忍。而猫的到来，使这种局面逐渐有所改观。猫一声不吭，看见一只，便捕杀一只。最多的时候，一天可捕杀 6 只以上。它的耐力惊人，若是它瞅准的目标一日不出，它则一日不饮不食，始终蹲在鼠洞口。^②一旦鼠出，猫的目光如电，全身缓慢绷紧，待鼠走到它的最佳攻击位置时，猫便一跃而起，双爪落处，便是鼠的葬身之地了。

　　没有人能准确描绘那闪电般的一击，那姿势美妙得让人不敢相信自己的眼睛。你所能看到的也只是一起一落，中间则是异常迅速的一闪，非常模糊又异常清晰，仿佛灵魂中闪过的一道亮光。无声无息，摄人心魄。

　　猫将鼠捕获之后，先是狠命地咬住鼠的喉咙，尖利的牙齿使鼠的骨筋根根断裂。这时候，猫必定快步

❶ 拟人的修辞手法，形象地写出老鼠的猖狂、不可一世，为下文猫的辉煌战果做铺垫。

❷ "目光如电""缓慢绷紧""一跃而起"，敏捷而专注。刻画出猫捉老鼠的系列动作和神态。

奔出粮仓，跑到主人面前，嘴里嗷嗷叫着，抬头望着主人，等主人验收了它的战果之后，才将老鼠放在地上，逗弄玩耍，极尽侮辱之能事。那些被捕的鼠辈多半还有半条命在，忽然有了逃生的机会，是绝不会放过的；待身子一落地，起身就逃，它们逃跑的本领也着实令人叹服，若不是猫在，人是绝不会抓住的。① 而猫又是飞快地一跃，就又将老鼠擒于爪下了，用嘴叼回原地，再放开，鼠仍是要逃，猫仍是要抓，如此数十次，鼠便没有了多少气力，只有束手待毙了。猫也失去了玩儿的兴趣，就不再客气，三口两口将鼠吞进肚里。

眨眼之间，猫来我们家已有月余，曾经猖狂的鼠辈收敛了许多，只是饿极了的时候，才探头探脑地出来胡乱找些食物填一填瘪瘪的肚皮，可总是离洞口不远。其仓皇之状，甚是滑稽可怜。

鼠辈减少，又慑于猫的天威，我们家里便日渐安静下来，有时夜里连一丝声响也没有了。② 这时，奶奶便要将猫抱回，可没过一夜，猫就又返回我们家；奶奶又抱回，用绳子拴住，它又挣脱，跑回我们家，从此就再也没有回去过，一直到它悄然失踪。

鼠是这世界上最为庞大的家族，连人都无法生存的地方都有它们的踪迹。猫的数量则少得可怜，连野猫加在一起，也不及鼠的十分之一。而一只猫可挡千百鼠辈。我们家的那些老鼠见猫常在巡狩，无可奈何之际，便又重新打洞，由家宅向户外转移。这样一来，猫就有些黔驴技穷了。猫感到十分寂寞，每日嗷嗷叫着，有时在鼠洞口坚守数日，连一只老鼠也没见到。

① 猫以强者的姿态面对爪下败鼠，以游戏的心态玩弄手下败将，足见其调皮可爱。

② 与前文"猫有嫌贫爱富的劣性"呼应。

①沮丧之余，猫的性情大变，每日卧于向阳之处，呼呼大睡，饿时便向主人索要，有几次竟自己跳进碗橱，偷吃剩菜，又将一摞瓷碗打碎。

❶ 颇有一种英雄无用武之地的无奈。

猫感到莫大的孤独和寂寞，就像绝世的英雄一般，当自己真正的敌手忽然消失之后，在内心涌起无穷无尽的失落。猫似乎不喜欢这种无所事事的生活，极力想找些事做，但除了捕鼠之外，它又能做些什么呢？

俗话说："猫有九命。"那只猫曾经 6 次误食了被毒药毒死的老鼠。我们也不知道它是什么时候吃下去的。它从不将不属于自己的劳动成果拿来炫耀。那一日中午，它突然回到院中，行走得很慢，全然没有了往日的威武气势。脑袋耷拉着，嘴里吐着黏稠的白沫，凄厉地号叫着。母亲一看，就知道它吃了毒鼠，便飞快地从屋里取来白醋，把猫嘴掰开，用勺子给它喂下。猫全身瘫软无力，喝完醋后，突然又冲出院子，眨眼间就没了踪影。

第二天凌晨，全家人正在熟睡，却被猫的叫声惊醒。猫竟然大病痊愈，精神抖擞地回到了我们身边，母亲欢天喜地，赶紧拿来一块猪肉，给猫吃了。如此 6 次，每一次都在醋的作用下安然无恙。②猫的强大生命力令人赞叹，如此一只动物，却令自以为无所不能的人类感到羞惭。生命虽然是相同的，但生命的方式大相迥异。

❷ 把猫与人对比，赞叹猫生命力的顽强。

一个夏天的中午，猫由河畔返回，嘴里叼着一条二尺多长的水花蛇。那条蛇全身瘫软，已然死去多时。猫咬得正是蛇的要害。我故乡风俗以蛇为龙，绝不敢

① 运用了神态和动作描写，形象地写出了猫的愤怒。

加以伤害。母亲甚是惶急，大声呵斥着猫，要它放下；①猫则怒目圆睁，两边长须直直竖起，模样甚是可怖。母亲无法，只好用一根长棍将蛇压住，硬从猫嘴里夺出，用铁铲挖地埋掉，又祷告一番。而猫仍狂怒不已，用前爪刨地，企图将自己的战利品挖出来，被母亲一次次地挡了回去。这大概是猫过于寂寞，多日不曾捕杀老鼠，偶尔看到一条水蛇，将之擒来，以安慰自己的孤独之心吧。

猫见捕蛇被主人打骂，似是懂得了其中缘故，便自觉地将目标转移。我们家依山傍水，院前便是大片大片的麦地。夏秋时候，山上的野兔潜入麦地，大肆破坏庄稼。猫经过侦察，便确定在麦地摆开战场，捕杀起不是敌人的野兔。不料想，它的战果极为辉煌，第一天就抓住两只肥硕的野兔。一个月时间不到，竟然有 16 只野兔丧命它手。其中有三只野兔比猫还大，也被猫咬断了喉咙。而猫也付出了代价，它的脸上和肚子上留下了三道深深的血迹。②猫仍是要向主人炫耀，它甚至有些骄横跋扈，回到家里后，先是嗷嗷大叫，待主人看到之后，把野兔往地上一甩，便又跑步出门，重新投入"战斗"。猫似乎知道，人类也和它们一样，是一些比较文明的肉食者。

② "骄横跋扈""嗷嗷大叫""甩"传神地刻画出猫带着战利品向主人邀功的形象。

更为奇怪的是，猫也能够承担狗的义务。若是陌生人从门前经过，猫便像狗一般，大声咆哮，前爪伏地，作势欲扑，若陌生人仍不止步，猫则如捕鼠一般，猛然跃起，尖利的指爪抓向来人面颊，比恶犬有过之而无不及。

我常因那只猫而自豪，也常诧异：猫的天职是捕鼠的，可捕蛇、兔的本领它是如何掌握的呢？兔与鼠差不多，可蛇这种软体动物，它的要害一般人都难以一击就中，猫怎么会无师自通呢？至于它承担狗的义务，更是奇异得让人费解。

而猫，也和一切生命一样，抵不过时光的追击和戕残，而逐渐老去，乃至垂垂欲死。但猫是不会死在主人或人类面前的，它的最终归宿在莽莽山野。① 一个冬天的夜晚，猫在门外大声地号叫着，声音苍凉而无奈，那声音包含了它一生的情感。它在感伤。它在留恋。它在悲哀。它号叫了整整一夜，于清晨时分消失了，从此再也没有回来过。我不知道它去向何处，但它却深刻地走进了我的记忆。

❶ 猫绝不在人类面前死去，它用哀号结束自己一生的情感，结束了自己的感伤、留恋和悲哀，然后消失。这是属于猫的尊严。

延伸思考

1. 文章主要写了哪几件事？请简要概括一下。

2. 详写老鼠放肆张狂的情景，有何作用？

南太行乡野美食（四题）

名师导读 ▶

　　常见的几种家乡美食，饱含着对南太行过去生活的回忆，也承载着"我"对南太行的思念和热爱。作者质朴的语言，翔实的记叙，细致的描写，让很多人不由想起了自己的童年时代。

疙瘩

　　母亲和小姨，一个和面，一个调馅子。我回来了，她们要包一顿疙瘩，给我吃。这里的疙瘩，正确发音是 gede，而不是 geda。其实就是饺子。① 南太行乡村有个习惯，贵客来家里了，要包疙瘩招待。孩子们出门远行，也要包疙瘩，算是送行，从外地回来了，更要包疙瘩吃。疙瘩（饺子）算是我们那一带最为珍贵的食物，也是最麻烦的。北方农村的人们，一般不在吃的上面搞花样，变着法子吃什么东西。最实际和快

① 疙瘩（饺子）是一种具有仪式感的食物，代表着对亲人的爱和对客人的重视。

72

捷的，还是疙瘩。过年也是以吃疙瘩为主。

疙瘩的馅儿，有白菜猪肉、羊肉萝卜、韭菜鸡蛋、香椿鸡蛋等，当然，也有野菜做的馅儿，完全看当季有哪些蔬菜。反正，包饺子用的话，什么菜都适合。

因为蔬菜少，条件又不怎么好。20世纪90年代末期之前，南太行乡村，家家户户都用秋天晒干的干萝卜丝，泡软、洗净之后，再加羊肉、猪肉，或者鸡蛋等做饺子馅儿。现在几乎没人这么吃了，都换成了较为新鲜的蔬菜和肉、鸡蛋搭配。

也有人家炒菜，喝酒，吃别的东西，如汤圆之类的。但人们都觉得，还是疙瘩好。我幼年时候，大年初一，人人都端着一碗疙瘩，先去给自己的亲爹亲娘磕头拜年，送疙瘩，再去其他族人家。现在，人们自觉地把这一道程序省略了，去磕头拜年的时候，人人空着手，到长辈家里，磕个头，拜个年，就走了。[1] 除了春节，其他时候，乡人们很少包疙瘩吃，最多擀面条、蒸馒头、烙饼，或者，焖大米，炒菜吃。只有在阳历年、正月十五这些时候，才会正儿八经地包疙瘩吃。

[1] 逢年过节才正儿八经包疙瘩吃，更显出疙瘩是典型的节日饮食及包疙瘩吃的节日仪式感。

麻 糖

咱炸麻糖吧！[2] 过年前一两天，南太行乡村的多数人家都会炸些麻糖，自己吃，也给来家里拜年的亲戚朋友吃。这个麻糖，形状像是麻花，但是松软的；也像是油条，但油条大多数是单只的，麻糖是四瓣松

[2] 炸麻糖也是节日饮食，是南太行乡村节日食物之一。

73

散地拧在一起，炸出来也是蓬松的，吃起来很有韧劲。

多年来，我走过很多地方，这麻糖似乎只有我们南太行有，即使邻近的县城，都是油条居多，不见我们那里独有的炸麻糖。有些年回去，母亲知道我爱吃，每次都从小饭馆里买一些回来，我吃得津津有味。这麻糖，还是凉的好吃，刚炸出来的，有些热，但不烫嘴，可那个味道，充满了油脂的腻，虽然表皮有些脆，牙齿感觉很好，但舌头会觉得略微苦涩，不怎么好吃。

也有在上面放红糖的，即用红糖化水之后，先把麻糖切好，下锅炸之前，再把红糖抹上去，炸出来的麻糖，就有了甜味。

麻糖放凉以后，吃起来没苦味。吃的时候，油脂虽也会溢出来，却不令人觉得腻。① 多年前，母亲不在家的时候，我就给父亲炒麻糖，先打几个鸡蛋，炒熟，再放蒜瓣、花椒，最好是再加一些切碎的白菜叶子，再把麻糖切成一小段一小段的，放在一起炒，可以适当放点酱油，那样吃起来是很好吃的。我记得，好像河北、北京、山西、陕西、河南一带也有这样吃的。当时，人们都以为这是最奢侈的生活了。主要是食用油用得多，麻糖是油炸的，再放油炒。这样一来，油就成了这一道吃食的主料了。

可现在，吃炸麻糖的人少了，主要是油炸食品不健康，我胃不好以后，回去，也不再吃炸麻糖。偶尔吃几块，也不像以前那样一顿能吃三四只了。再说，油脂多了也是很麻烦的一件事。当人们身体缺油的时

❶ 回忆炒麻糖的过程，唇齿间仿佛还留有炒麻糖的味道，那是甜蜜而温馨的回忆。

候，有了，便使劲吃，每顿都吃；当身体因为油脂发生问题，人们又开始控制吃油了。① 由此看，《道德经》"极则反，盈则亏"确实是一个具有全面性的不二真理。

饸饹

专门有一种工具，就叫饸饹床。② 其形状，犹如闸刀，只不过，上面杆子适当部位，设置了一个实心锤子，圆形的，对应的下面，是一个圆形凹槽。把面放在凹槽里，圆形吊锤垂直压住，用力压，凹槽的底部由带有均匀圆孔的钢片组成，面就会纷纷从圆孔中挤出来，而且源源不断，直到一团面所剩无几。这样一来，就成了面条状的了。

饸饹的原料，其实很简单，由红薯面加麦子面，或者玉米面、荞麦面，和在一起，发黏之后，蒸熟，挖起一团，填满饸饹床的圆孔，使劲压，下面再放个东西接住就可以了。红薯这东西，南太行乡村人每年都会种一点儿。每年春天，总会有人开着三轮车之类的，每个村子地跑，还吆喝着说："卖红薯苗了！卖红薯苗了！"需要的人们听到了，就会把他叫住，买一些，找一个比较好的田地，挖坑、挑水，就着泥水，把红薯秧子埋进去，再用周边的土围拢好，就可以了。

要是雨水多，红薯会不好吃，不绵，且淡而无味；水少了，红薯会旱死。水量适中，到秋天，也就是霜降前后，红薯结得又大又多。③ 全身呈鲜红色，内瓤

① 由不同时期对麻糖这种吃食的不同态度，及对健康的影响，感悟到"极则反，盈则亏"的生活哲理，作者是一个睿智的有心人。

② 对饸饹床的构造、功能及饸饹的压制过程的介绍。

③ 对红薯观察细腻，描写细致。

洁白，用刀切开之后，有白色汁液渗出，粘在刀面和菜板上。平时，洗干净，切块，在稀饭锅里加入，很甜很绵，也可以烤着吃。要做饸饹面和粉条的话，每年秋天，从地里刨出来，清水洗干净，拿到磨坊里去磨碎成浆水，再用密度极小的棉布，一点一滴地淋出来之后，有一部分是茨粉，有一部分就成了渣滓。可以做粉条，也可以做饸饹面。剩下的渣滓，大都用来喂猪。

饸饹出来，下锅，再煮。但放在篦子上清水蒸熟最好，可以保持形状，味道也比较原始。从前吃饸饹，一般把花生油烧开，加点葱花、胡椒、食盐，放在一边，吃的时候浇在饸饹面上就可以了。当然，有新鲜韭菜切碎代替葱花会更好。

有一年回家，见南太行乡村的大小饭店招牌上，都写着饸饹面这种食品，觉得恍惚，这饸饹面，很多年没人吃了。① 弟弟告诉我说，这几年，城里来的人，就喜欢吃饸饹面，咱们这边人早就不吃了，见城里人吃，就都又开始吃了。我知道，从前饸饹面、玉米面窝头等是被称之为粗粮的，谁还吃的话，是要被笑话的。现在，却又成了人人喜欢的好东西。世道的变迁，与人们的口味，有些时候，确实有些近似。

❶ 生活条件好了，人们的饮食爱好又回到了粗粮时代。作为旅游胜地的南太行，本地人也受到了城里人养生饮食的影响。

❷ 采用比喻的修辞手法描绘出榆树叶子的颜色及形状特点，以及"榆钱"得名的由来。

筶萆

② 春天，早先给予大地和人间绿色的除了柳条，

还有榆树。榆树的叶子起初金黄，黄得像是一枚枚的铜钱。大致，榆钱的名字就是这样得来的。母亲拿了长杆子，背上我，又提了一只黄荆条编织的篮子，从家到后坡上去，看到一棵榆树，见上面还有叶子，把我放在正在解冻的沙土地上，拿起带钩子的长杆，便把树枝折下来，然后提起来，用手捋掉上面的榆树叶子，放在荆条篮子里。

回到家，把榆树叶子洗干净，淋干水，再挖点玉米面，加水，再加榆树叶子，用手搅拌均匀，看湿度也可以，就倒在铺着蒸笼布的箅子上。锅里加上清水，然后点火。激烈的火焰烧着黢黑的锅底，不一会儿，水就开了，持续十几分钟，最好是半个小时，锅里的东西就熟了。揭开锅盖，一股草香扑面而来，还夹杂着玉米面的味道。

这就是苦累了。吃的时候，可以再调个佐料，一般情况是，少许花生油烧开，放上花椒和盐巴，再加上韭菜或者葱花（葱段也可以），把苦累盛在碗里，淋上一点儿，搅拌一下，就可以吃了。那时候，我是不怎么爱吃苦累的，觉得榆钱在嗓子里有一种刺毛的感觉，所以多次拒绝吃。① 现在，南太行乡村基本没人吃苦累了，我也很少在春天刚开始的时候回家，这一道带着贫苦年代记忆的乡村吃食，已经很多年没吃到了。

❶ 随着生活条件的改善，人们的饮食习惯也随之改变，几乎已经没有人吃苦累了，折射出来的是再也回不去的生活，是作者对过去时光的怀念。

延伸思考

1. 作者通过对家乡美食的介绍，表达了怎样的情感？

_____

_____

2. 美食总是容易勾起我们的味蕾，你的家乡都有哪些特色美食？介绍一两种。

_____

_____

童年的黄昏

名师导读 ▶

　　童年的黄昏，有着晃悠的马灯，摇动的枯草，发出微红光亮的煤油灯，爷爷呛人的旱烟，让"我"入迷的神话故事；也有凶悍的恶邻，奶奶的偏心等让"我"不快乐的一些人和事……但"我"对童年时代的生活仍然是充满了怀念和不舍的。阅读文章，体会作者丰富的情感世界。

　　那时候，电没在村庄出现，晚上，到处都是深一脚浅一脚的黑暗，马灯晃悠，枯草摇动，风吹如泣，冻僵了的乌鸦出其不意呱叫，令人毛骨悚然。石头房子里，做饭剩下的火炭哔哔剥剥，白色的灰烬不断诞生，有风从门缝儿进来，是彻骨的寒冷。

　　①往往，我正在写作业，黄昏就降临了，也不打一声招呼，脸黑得像锅底，不到一袋烟工夫，就把村庄乃至村庄之外的一切全都涂黑了。娘摸着窗台上的煤油灯，嗤的一声划着火柴，微红的光亮首先照亮一

❶ "脸黑得像锅底"为生动的比喻和拟人，"涂"字也用得极妙，形象地描述了夜晚降临得迅速。

79

家人的脸庞，再打上暗黑色的黄泥墙壁。

煤油灯光亮可以照亮我们的家，但怎么也不能照亮我们一家人的心情。娘的眉宇间挂着生活的艰难。洗涮了碗筷，母亲问我："你晚上到你爷爷那儿睡，还是在家？"我说："到爷爷那儿去。"娘没说话，又把锅台扫了一遍。我收拾了课本和纸笔，把书包挂在墙壁上，拉开房门，到爷爷那儿去。

我们家在村子最下边，紧挨着的是杨林光家的石头楼房，感觉像一座山，压得人喘不过气来。①杨林光搬走后，老楼房窗户里面时常飘些霉味儿出来，尤其夏天，要是遇着一阵逆向的风，霉味儿钻到鼻子里面，呛得人胃疼。

① "杨林光"家时常飘出霉味，还呛得人胃疼，说明这家好久不住人了，也暗含着作者的厌恶之情。

我总觉得杨林光家没好人，经常偷和损坏别人家的东西，还仗着自己家人多，整天没事找事儿，欺负我娘还有其他人口少、势力小的人家。有一次，杨林光老婆跟娘吵架，他们一家七口人趴在房顶上，居高临下，咒骂我娘，骂得很难听。她的二闺女还把手里的碗扔向娘，娘用手一挡，手背上就涌出了一团红血。我吓得哭，使劲拉着娘的手，叫娘赶紧回家。

爷爷家就在杨林光石头楼房的上面，每次去，都要从他们院子里经过。

从我们家出来，走到楼房跟前，是一条不足一米宽的窄巷，向上二十多级台阶，再一个九十度转弯儿，就到了老楼房前院。

② "探头""赶紧""蹦""轻手轻脚""最快"一系列的词语都能体现出作者对于杨林光家的厌恶与害怕。

因为杨林光，我每次去爷爷奶奶家都很害怕。走到他们家院门口，②习惯性地探头向杨林光家看一下，如果他家人没在院子里，我就赶紧蹦上台阶，轻手轻脚，以最快的速度走过去。如果院子里有人，我就沿着房子后面的巷道儿，绕到爷爷房后，爬上紧靠房子的椿树，爬到房顶，再从梯子上爬下去。有几次不小心，正要穿过杨林光院子，让他婆娘傅四妮看见了，①她干瘦的身体像是弹簧，使劲一窜，就到了我面前。她的手像鹰爪子一样，猛地抓住我后衣领，另一只手落在我脸上、背上，是被开水烫了的火燎燎的疼。这还不算，她嘴里还喷出一大堆很下流的话。我哭。娘听见，从家里跑来，把我拉在怀里，和傅四妮理论、争吵。傅四妮仗着人多，还把娘打了几次。后来，我学聪明了，实在绕不开，我就让她们打，一声不吭，也不跟娘说。

杨林光家西边，是万新爷爷家。老两口都快九十岁了，身体还很硬朗。万新爷爷还和年轻人一样，上山割草，下地干活儿。②两个老人对小孩子很客气，家里藏了柿子、糖块和饼干，只要去，就会给我们这些孩子们吃。老两口活了一百来岁，先后不隔一个月，双双无疾而终。

过了杨林光家，一绺石墙中间，有一道大门，里面是个四合院，爷爷奶奶和另外几户人家住在里面。大门的门板是柿木做的，足有半尺厚，已经有上百年的历史了，不知道被虫子噬过没有，表面还很光洁。

我站在跟前，还够不着门锁。如果不是很晚，大门是不会插的。用手一推，很重，我要使很大的力气，它才吱吱呀呀敞开来，让我看到里面的房屋和灯光。对这种声音，里面的人谁也不会特意探头看看。毕竟，

❶ 连用两个比喻，将傅四妮的形象呈现在读者眼前，她是一个粗鲁、无礼的野蛮女人。

❷ 两位老人的善良与杨林光一家的恶毒形成鲜明的对比，两位老人"双双无疾而终"，也是善有善报。

门就是开和关的，不到深更半夜，不闹出一些奇异响声，人们就不会表示惊诧。

和大门相对的那家老妇人，和我爷爷同辈儿，我忘了她叫什么名字。从我记事起，她就一个人住着、活着，要不是嫁到邻村的闺女常回来看看，平时身边连个挑水打柴的人都没有。我总觉得她很可怜。在村庄，谁不想着小的时候有人看管，老的时候有人养活，身边有个可靠人儿呢？一起说说话，日子就有了生气，也会顺心的多。

爷爷说，这个奶奶出身不简单，娘家在山西左权（以前叫辽州）大南庄村，她爹是地主，家里光金条就好几箱子。土改时，财产被政府没收了，分给了其他群众。因为家境好，她小时候读过私塾，很会讲故事，《三国演义》《隋唐演义》《杨家将》《水浒传》讲得尤其好。每年腊月，村里人闲下来，就围着她听故事。

村里人坐在她家炕沿、煤火台子和小凳子上，支楞着脑袋，像看电影一样盯着她的脸和嘴巴。① 我稍微大点后，能挑得动水了，挑满了奶奶家水缸，就给她挑。因此，她也对我很好，和爷爷一样，不叫我全名儿，叫我平儿。和村里几个老年人一起时，就使劲夸我懂事、孝顺。

再几年后，我到莲花沟读中学，家里也盖了新房子，奶奶搬到我们以前的房子住，因为要过杨林光的院子，后来就很少到那位老人家里去了。② 我在慢慢长大，她在渐渐变老，记忆一天天退化，讲故事也一段不接一段，经常颠倒人名和事儿，听得人就少了，以致屋

❶ 童年时的"我"勤快、懂事。

❷ 老妇人饱读诗书，但却因为年龄的增长而记忆退化，有心无力，最后门前无人。从平淡的语句中，可以感受到世事无常以及作者的难过和无奈。

里冷落门前无人。

她可能也很寂寞，经常一个人坐在门前石阶上，抽着旱烟，嘴巴不停嚼动，脸上皱纹随着翕动的嘴巴拉开又收紧，隔一会儿咳嗽几声，舌头再搅动几下，然后努嘴吐出一团黄痰或白痰。我觉得她很脏，一听到她咳嗽，不由得一阵恶心。

这位老奶奶后来过继了一个儿子，不是亲生的，没有血缘，心里就有点"隔"，平时不大走动，除非有病才来看看，小病就拿点药吃，大病就不管了，撑到什么时候算什么时候。爷爷说，几次大病，要不是闺女花钱请医生，恐怕就再也见不着她了。

爷爷奶奶住在她隔壁，房子是连在一块儿的，中间隔了一道墙壁，这边有动静，那边听得很清楚。爷爷奶奶和她关系很好，没有闹过别扭，至于他们年轻时候有没有闹过，爷爷没说过，权当没有算了。

爷爷门下台阶不足三米的地方，还住着一户人家，论辈分，我叫叔叔，爷爷和他父亲是一母同胞，血缘上很亲近。<u>①但他又和杨林光是亲兄弟，"恨乌及屋"，我对他们一家也不怎么信任。有时见面叫一声叔叔婶婶，有时低头走过。</u>

到爷爷家，奶奶收拾了碗筷，正用葫芦瓢儿从锅里往猪食桶里舀刷锅水。奶奶通常不看我，只顾着干活。我先叫了一声爷爷。爷爷说："平儿，你吃饭了没有？"我说："吃了。"奶奶有时候不吭声，有时候会说："没吃那儿还有饼子。"我通常不吃，有时看烙得好一点儿，就掰一块儿，三口两口塞进嘴巴。<u>②看到我的吃样儿，</u>

❶ 再一次突出作者对杨林光一家人的厌恶。

❷ 从奶奶的语言，表现出奶奶对"我"的态度，为下文做铺垫。

奶奶眼睛也斜一下说："看你那个饿狼样儿，没吃过个东西！"

奶奶和娘关系不好，牵扯的都是婆媳之间的家务事儿，作为晚辈，我没发言权利。但奶奶有时也确实过分，比如吃饼子这件事情，如果把我换成表弟，她不但不会这样说，还会在表弟吃完了一块儿后，催着表弟把剩下的都吃了。

包产到户的时候，爹娘刚生下我，为了挣工分，每天带着我下地干活，全村人都在一起。① 奶奶就只带着与我同岁的表弟。我在地边儿饿得嗷嗷哭叫，奶奶拿着开水和饼子给表弟吃，看都不看我一眼。

我长到七八岁，能干活儿了，奶奶对我的态度才有所好转。几乎每一年暑假，我都和表弟一起帮奶奶打柴，够奶奶烧一年还多。有一年暑假开学前一天晚上，为了犒劳我和表弟，奶奶拿出两个小匣子，② 一个很漂亮，拉开表面木板，里面还有很多小抽屉，可以放钥匙、铅笔和钢镚儿等；一个很简单，拉开上层木板，里面空落落的，啥都没有。

我想，我是奶奶的孙子，她一定会把漂亮的给我。可奶奶竟然把漂亮的给了表弟。我当时就哭，向表弟要，奶奶说："给你一个就不错了，再抢一个都不给你！"我哭着回到家，娘问我咋了，我就说了原因。娘帮我擦干眼泪，说："没事儿，我叫恁爹再给你做一个。"

有一年，奶奶要到邻村给姑妈家看门，姑妈一家去了鸡泽县。③ 这也就是说，奶奶要有好几个晚上不在家。我很高兴。奶奶在的时候，我要爷爷讲故事，

① 奶奶对"我"的态度，应该是婆媳矛盾的延伸。

② 两个小匣子形成鲜明对比，为下文奶奶对表弟的偏心和"我"的难过做铺垫。

③ "我"的这种心态，正是奶奶长期偏心表弟，对"我"不公平待遇的一种反映，既符合常理又体现了孩子的思维特点。

每次都讲到我眼皮打架为止。奶奶嫌吵得慌，耽误她睡觉，就呵斥不要爷爷讲。有几次还骂我说："你以后不要来俺家睡了！没完没了的！"我给娘"汇报"了奶奶说我的话，娘就不让我再去爷爷奶奶家睡觉，隔了几个晚上，我又想听爷爷讲故事，就又跑去。

爷爷对我挺好，有好吃的都给我留着，背着奶奶给我一些玩具，像木剑、弹弓和钢珠子之类，还叮嘱我不要对奶奶说。爷爷外甥和外甥女来看爷爷奶奶，带了好吃的东西，奶奶就放起来，怕我找到偷吃。有几次奶奶不在家，爷爷眼睛看不见，我偷吃了几回。

在爷爷身边躺下，再吹灭窗台上的煤油灯，村庄就浸入了黑暗。^①爷爷一边抽着呛人的旱烟，一边给我讲神话传说、人生经历和奇闻逸事。里面有妖精，也有僵尸，有善解人意的仙女，还有无恶不作的怪物。

❶ 回忆和爷爷相处的愉快时光，突出"我"对爷爷深深的思念。

现在回想起来，在童年，我最美、最幸福的记忆，恐怕就是这样的夜晚了，虽然路上要设法躲过凶狠的杨林光一家，但在爷爷身边，躺在他的故事里面，我是一个专心而好奇的孩子。^②可惜，1990年冬天和1998年夏天，爷爷奶奶先后故去了，连同他们的故事和生活，成了黄土的一部分。

❷ 字里行间，表达出"我"对爷爷奶奶的不舍和思念。

延伸思考

1. 分析文章第一段中环境描写的作用。

_____

_____

2. 文章用大量笔墨写了奶奶对"我"的不喜和"我"对奶奶的抱怨，可结尾却又含蓄地表达出"我"对故去的爷爷奶奶的不舍和思念。你怎样理解作者的这种情感？

_____

_____

3. 如何理解文章题目"童年的黄昏"的含义？

_____

_____

南太行乡村的春节

名师导读 ▶

每个人的家乡都有不同的习俗，作者用质朴的语言娓娓道来，向我们描述了南太行乡村春节特有的风俗和习惯，字里行间都是对儿时过年的温馨回忆。阅读文章，看看作者都描述了南太行春节的哪些习俗？勾起了你哪些类似的回忆？

记不清是哪一年，有人在村口盖了一座土地庙，用石头砌起。大小如牲口圈，个子高的人进到里面连腰都直不起来。平时，庙里冷清得连根烟头都找不到，一旦逢年过节，霎时间热闹起来。

往往，一进腊月，我们这些小孩子们就开始兴奋。不知道时间之快，只知道一年只有一个大年初一。①总是嫌日子过得太慢，像老牛推磨，悠哉游哉的，好像没有尽头。一到腊月，就掰着指头算，今天初一，明天初二，后天初三。越往后算，心里边越是焦急，

① 体现了小孩子们盼望过年的急切心情。

87

恨不得把两天算一天。

好不容易到腊月二十三，往后的日子就有了说法。有顺口溜说：二十三，打发老灶爷上天；二十四，扫房子；二十五，花花儿贴；二十六，蒸馒头；二十七，胡个咧，二十八，胡个走；二十九，捏饺子；三十，端着饺子把头磕。

其中，迷信色彩最重的是二十三，因为灶爷就在各家的灶火上边，家里的事儿，不管阴明好坏，瞒不了自己，也瞒不了灶爷。

目前说，老灶爷要上天汇报工作，村人怕自己做的那些事儿不好，老灶爷对玉帝说了后，降灾给自己。不管是实在还是好做恶事的人家，到这天傍晚，都要蒸了馒头，买了红蜡烛、黄表纸和柏香，对老灶爷毕恭毕敬。

蒸好馒头，即使再饿，人也不可以先吃。母亲掀开锅盖，一股白色蒸汽雾岚一样奔突起来，迅速占领房间。母亲伸手捏捏其中一个，熟了，让父亲把灶膛里燃烧的粗大柴火拉出来，再拿了笆子，把馒头一个个晾在上面。再放一锅进去。① 然后用洗干净的盘子盛了馒头，走到老灶爷神位下，小声念叨，再跪下磕头。与此同时，还要放一挂鞭炮，欢送老灶爷回天奏事。

母亲说，老灶爷会把咱家一年的事情，包括心里想的和已经做了的，毫无保留地告诉玉皇大帝。我歪着脑袋说："那老灶爷比村长还公正？"母亲嗔怪说："傻小子，村长和咱一样是个人，老灶爷是神仙。神仙当然说实话了！"我又问母亲说："咱做过坏事没？"② 母

❶ 敬奉老灶爷，虽是农村的一种传统习俗，却也是人们对美好生活的一种祈愿。

❷ 母亲的语言、动作描写，表现出"我们"一家的善良质朴。

亲伸出粘着面的手指，在我头上磕了一下说："笨小子，咱家要是做坏事，还能没钱花？"

母亲跪下来，像戏中人物一样，全身伏地，向老灶爷的神位磕了三个响头。[①] 我想，就凭这个，老灶爷也会感动，在玉帝面前为我们家美言。然后点燃了鞭炮，噼噼啪啪的声音在越来越黑的村子内外炸响。

从这一天开始，平时睡得很早，安静的村庄就有了热闹劲儿了。零星的鞭炮声音不是从那个村响起，就是从这个村传来。快过年了，有钱人家更高兴，录音机里整天放着李双江、郭兰英的歌曲。到晚上，还故意把音量调高，尽管到夜深时候，那歌曲都有了点鬼哭狼嚎的意味。年轻人爱听，有的还跑到人家家里，坐在门槛上竖着耳朵，一脸沉迷。老年人不喜欢，发牢骚说："放这个东西，还不如来段豫剧听得过瘾！"

腊月二十四，帮爷爷奶奶扫了房子，贴了对子，劈柴蒸馒头。有了事儿干，就不觉得时间慢了。我和弟弟平时懒得连屁股都不愿抬一下，可在这时候，总想方设法替长辈干些活儿。

其实，干活儿不是目的，早早穿上新衣裳，哄着母亲多买一些鞭炮，才是目的所在。

母亲早就看穿了我俩的心思。新衣裳早就做好了，放在柜子里，用一把铁锁看住我们的手。

老军蛋家买了很多的鞭炮，拿出来炫耀，腊月二十五那天兜里就装了鞭炮，拿着一根燃着的柏香走到哪儿放到哪儿。我和弟弟说，凭啥你老军蛋就有那么多炮？我们的就很少呢。然后哼哼唧唧地让母亲掏

❶ 从"我"的想法，侧面反映了母亲对老灶爷的信奉和敬畏。

钱，再去代销店买。母亲说："放炮顶啥用？有个响声就很可以了！"我说："为啥老军蛋就有那么多鞭炮？"母亲说："老军蛋爹是大队的支书，咱不能和人家比。"

弟弟还在央求母亲，母亲不说话，忙事情，我也说不够，弟弟呜呜哭。① 母亲看我俩这样子，叹息一声，从兜里摸出一张揉得如老头子脸的毛钱，"去买吧！"

那时候，我们家打盐的钱都是母亲卖鸡蛋省出来的，逢个会赶个集，母亲也只是去转转，最后饿着肚子回来。大致是 2000 年，我未婚妻一个人回老家，恰好碰上莲花沟村每年一次庙会，母亲和她一块儿去了，在集会上转了半天，买了几件衣服。到中午，母亲想吃一碗凉粉，在摊子前走了几回，眼睁睁地看着别人在吃，自己只是咽着唾沫。饿肚子回到家，才对我未婚妻说很想吃凉粉。未婚妻说她也会做，一下子做了好多，母亲吃了满满两碗。

大年二十九早上，母亲拿出新衣裳，叫我和弟弟穿上。我和弟弟本来还很瞌睡，一看新衣裳，就像电击一般，骨碌碌地穿上，脸都不洗一把，就跑到村里去了。

母亲是坚定的素食主义者，五十多年来没有吃过一块儿肉。父亲则喜欢吃肉，只要是肉，都嘴巴嚼得流油。

平时，父亲很难吃到肉，到二十九这一天，母亲称上几斤，算是对父亲一年多来辛劳的补偿。十六岁以前，我也是一个素食主义者，过年时，跟着母亲吃素，弟弟则跟着父亲吃肉。一家四口，泾渭分明。

① "我"的家庭并不富裕，母亲省出的钱不忍心为自己买东西，却在"我"和弟弟的央求之下买了鞭炮，能够看出母亲对孩子深深的爱。

剁好干萝卜条儿，母亲点火把小铁锅烧干，倒上一点儿花生油，打上几个鸡蛋，不一会儿，就是金灿灿的炒鸡蛋。<u>①母亲总把我和弟弟叫来，一个人喂上一两块儿，我们吃得很高兴，也劝母亲吃，母亲就说，等包到饺子里面再吃。</u>

母亲先把和好的面在案板上揉了，用刀切成几段，手来回一搓，就变长变细了，再用刀左一下右一下切成小块儿，再用擀面杖擀成一个个的薄片儿。往往，捏够四口人吃的饺子，天就黑黑的了。

晚上，父母亲忙着准备早上的饭，还有用的东西，我和弟弟在分鞭炮。然后躺在炕上看着窗户，期待着马蹄表一下就蹦到凌晨。

②迷糊一阵子，起来看看，还不到十二点，再迷糊一会儿。<u>到凌晨两点，我和弟弟就不睡了，在被窝里烙饼。大致三点多，有人燃放鞭炮，清脆的声音把整个村子都震得地动山摇，也把我和弟弟从被窝里拽了出来。</u>

父母亲起床，生火煮饺子，我和弟弟拿了鞭炮，点着柏香，在伸手成冰的院子里依次点燃。嘣嘣叭叭的鞭炮在暗夜里一个接着一个，一声接着一声，站在院子，还可以听见从后沟传来的跌宕回声。

一家人开始放了炮，响声就会把全村乃至附近村庄的人惊醒。那时候，我们这些小孩子家总是争着在凌晨第一个放响鞭炮。按照老人们的说法，大年初一这天早上，谁要是第一个放鞭炮，就等于这一年是全村人家中最顺利平安的。什么事情都能争个第一，出

① 喂鸡蛋的细节描写，体现了母亲对"我"和弟弟的爱。

② "在被窝里烙饼"，形象地写出"我"和弟弟盼年、盼放鞭炮而睡不着，在被窝里来回翻身的情形。"拽"字极富表现力，说明鞭炮对"我"和弟弟的吸引力相当大。

个头彩。

　　饺子好了，我和弟弟风卷残云。母亲吃完，让我和她一起去土地庙上香。母亲端着一碗饺子，叫我拿了鞭炮、柏香和黄纸，打手电跟在后面。

　　翻过一道山岭，涉过一道河沟，再爬上一段山路，我和母亲走到了土地庙。简陋的石台上，几十根红色蜡烛齐刷刷亮着，照得庙前山路都像白天。土地爷泥像端坐供桌，真像是一位面色和蔼的老头，要不是冷冰冰的，还可以和他亲近。① 我对母亲说："这土地爷总是在这坐着，肯定很累。"

　　母亲嗔怪说："小孩子家知道个啥，别胡说！神仙哪像咱凡人？"

　　"那他为什么长得跟人一样？"

　　"人家是也是人，成仙之后，才当了土地爷的。"

　　"那还是人呗！"

　　"成仙了就不跟人一样了。"

　　"到底有啥不一样？"

　　母亲不耐烦了。"不一样就是不一样！人家能享受百家香火，人都跪在人家面前，怎么没人跪在咱面前，跟咱磕头哩？！"

　　我说："那你和爹不是也给爷爷奶奶磕头吗？"母亲说："你个傻小子，那是小辈儿对长辈儿的尊敬！"

　　从土地庙回到家，父亲要去给爷爷奶奶拜年，还有村里那些长辈。我和弟弟就跟在他后面，先到爷爷奶奶家磕头拜年，然后，又跟着父亲，一家一家磕头拜年。到了谁家，都说吃饺子吧，俺这个是肉馅的，

　　① "我"与母亲的对话，表现了母亲对"神仙"的虔诚；"我"刨根问底地追问，体现了一个孩子的好奇，也暗示了"我"独有的智慧。

你那个是啥馅儿？尝尝吧！所说的话几乎并无二致。大部分人家给小孩一点儿鞭炮和糖块，大人不吃饺子就给一支香烟。

　　一个多小时后，晨曦慢慢打开，我们也转严（意为走遍）了，大人们坐在一起说话或者喝酒，孩子们则凑在一起看谁挣的鞭炮多。这时候，马路上突然也冒出很多人，都提着竹编的篮子，朝着大土地庙、龙王庙和猴王庙方向，放着鞭炮，说着笑话，兴致勃勃走去了。

延伸思考

1. 文中关于未婚妻回老家的描写有什么作用？

_____

_____

2. 简要概括作者家乡过年的习俗。

_____

_____

3. 你的家乡春节有哪些至今还延续的习俗？给大家介绍一下吧。

_____

_____

内心的高冈

名师导读▶

作者是一个心思细腻，感情丰富的人，反复阅读，从质朴的语言中去感受作者对已故父亲的深沉的爱，以及由此引发的对生命的思考。

❶ 开篇点题，直接阐述父亲的去世对"我"的打击之大，"我"面对父亲的死亡有多么痛苦和无奈，表达了"我"对父亲深沉的爱。

① 任何一个人的消失，于这个世界都毫发无损，但对于我，却好像是一种摧毁。2009年3月9日，是他诀别人世的日子，距今已经五年时间了。我先后回家六七次，每一次都要路过他埋身的那座山岗。而我只是看看，内心剧痛。但我再也没有到他跟前去看看。不是我不愿意，而是没有勇气。一个生者面对亡者，一个儿子面对父亲的坟茔，我想唯有痛哭，且是极大声的那种。除此之外，我不知道还有什么方式可以表达内心的不安和沮丧，悲哀与绝望。

❷ 日有所思，夜有所梦。"我"的梦是对父亲怀念的体现。

去年清明节前一天，我做了一个梦。② 梦见父亲躺在曾祖母住过的老房子里，在屋子中央，身下好像是一张门板。我看护他，叮嘱自己不要睡去，不然的话，父亲就会死去。可我还是睡着了，醒来一看，父亲果真去世了。我放声大哭，把自己惊醒了。我把这个梦说给妻子，妻子说，买些香烛到文殊院外面烧烧吧。

每当此时，文殊院外面就成了香烛与鬼魅之地，不知道从哪里冒出来的人，在红墙外面点燃香烛，火光影影绰绰，亡灵的味道弥天而起。每次路过，都觉得这种祭奠方式貌似庄严却徒有形式。当我想起自己的父亲，又想到自己身在异乡的那种地理上的不便，也慢慢理解了那些在文殊院甚至大街上焚烧香烛祭奠先人的人。① 我想到，每一个人都有自己确切的来处，而城市和异乡将每一个人的来处阻塞甚至割除了。那些只能在内心怀念和牢记自己先人和血缘深处的祖宗的人，都是无根的。

他们采取的这种方式，一方面确认自己的存在，也为追溯生命的源流；另一方面，以祭奠的方式寻求心灵和精神上的安慰，当然还有祈求和期望。人一方面对自己的来处表示敬意，又希求送他们来到这个世上的人精神永存，灵魂常在。

② 我何尝不是这样的呢？

父亲去世以后，我一直有一种幻觉：这个人是不是还在？如果不在，他又去了什么地方？如果人死真的如灯灭的话，后人为什么总是怀念和祭奠他们？就我个人来说，这些年来，有很多时候，我总觉得有一个人就站在我身边，或者坐在某个地方，沙发、凳子或者床头，音容宛如生时。还有很多时候，我在街上

① 在文殊院外烧香烛是一种习俗，作者借用这一习俗使身处异乡的人无根的飘浮感产生了共鸣。

② 反问句，强调自己对故去的父亲的思念，同时承上启下，引出下文对父亲无处不在的幻觉的描写。

走着走着，就觉得对面或者后面有一个人在看我，那眼神和表情，我确信那就是父亲。可当我看他，他就倏然不见了。2011年到2012年6月底，我一个人在成都，好多白天和晚上，一个人独坐或在微机前敲字、躺在床上看书的时候，忽然觉得有个人坐在沙发上看着我。我打开灯，沙发等处空空如也。还有几次，我总觉得有人在阳台上坐着抽烟，看楼下的街道。我下意识地起身走过去。那一时刻，我忽然想和他说说话。可我去到阳台，只有阴霾或日光。

五年了，我确信父亲并没有走远。

这肯定是真的。他一直在我身边，尽管他没有来过成都，甚至一辈子最远就到过邢台市。可我相信，人的灵魂无所不及。他去世时，我还没有调到成都。甚至，我都没有告诉他……我想，父亲肯定知道。① 即使他肉身不在了，他的灵魂一定还在跟随着我。因为，他临死前，我和妻子没有赶到，他的左眼一直没闭，黑黑地看着门口。

那一时刻，他一定很遗憾，一息尚存之时，没见到他的大儿子和大儿媳妇。他病重的时候，我妻子，他的大儿媳妇伺候他三个多月，给他打针、输液，包饺子，炒花生并擀碎给他吃，还给他说一些轻松的事儿，让他忘掉痛，高兴一点儿。可他最终要走了，我和妻子都没守在他身边。他肯定觉得，这两个孩子，怎么还不回来呢？让他再看一眼。甚至，让我们再攥住他的手，摸摸他的脸。

可我们没有赶上。

① 可以看得出来父亲临走前未能见到父亲最后一面的遗憾和痛苦，作者始终无法释怀，总觉得父亲还没有离去。

　　大致因此，父亲就一直跟着我。他在，但不吭声，在我周身，也在我走到的任何一个地方。他在看着他儿子。他生病的时候，妻子给他洗脚，剪指甲；他嘴唇干涩，妻子蘸温开水一次次涂在他嘴唇上。我坐在旁边，一直攥着他的手。是的，到他病了，他的手才柔和和绵软下来。他也才彻底闲下来，能够歇歇了，也有人在意他、伺候他了。要是一切都还好，他一定还攥着镢头、镰刀，甚至抱着石头，在村里和附近乡野劳动。

　　① 我愿意像他那样，一个人受尽人间的苦，只要他还在。

❶ 即便生活艰难，受尽苦楚，但只要生命还在，只要一家人相依相伴，就是最大的幸福。

　　父亲去世第二年七月，我回到家里想去祭拜他。母亲说，不是那个时候就不好。我不知道为什么不好。离开老家二十年了，对那里的一些风俗讲究大都浑然不知了。母亲告诉我说，只能清明和农历的十月一（日）才能，我只好作罢。后来几次回家也是这样。

　　从内心说，我也不愿意去他的坟上。我总觉得，去到那里，痛哭是必然的，抓土刨地也是必然的。可这些说到底还是形式。② 当一个人满世界再也找不见，只有一小块土地属于他，后来者的悲伤即使裂地破天，也只是一种徒有其表的形式吧。

❷ 对亲人的爱从来不是形式，不是给别人看的样子，而是发自内心深处的牵挂与思念。

　　2010 年清明节前，妻子说她又梦见了父亲。他背着一个六七十年代部队配发的那种黄挎包，笑眯眯地走到家院子里。妻子很高兴，说做饭吃。父亲说，他要去山西，还有一群人等着他一起去呢。说完，笑了一下，然后一个闪身，就到了对面的山路上。还有一次梦见父亲，问他有钱花没？父亲说，有，上次给的还没花完。说着，还拍了拍自己的上衣口袋。

尽管一个人去了，可他留在另一些人内心和灵魂的那些东西，如气味、神情、声音等都会长时间缭绕不散，还是肉身的痕迹和影响在起作用。2014年，父亲忌日之前，我又为他写了一篇文章。写他少年时候的事情。虽然只是一些从爷爷奶奶、母亲和其他村人那里听来的片段。

一年一个清明节，就是要人放开悲伤，怀念亲人；用一种思和想，在虚无中追溯自身的源流和出处。前一段时间，我蓦然发现，我儿子的很多地方像他爷爷，即我的父亲。我惊异，也觉得蹊跷甚至神异。母亲说，我小时候也很像父亲，只是后来，才没了父亲年少时候的那种俊美。现在，儿子又像我和我父亲，这该是一种家族形象吧。① 有一次，我还幼稚地想，假如真有轮回，父亲转世为自己的孙子，让他儿子好好照顾他、爱他，该是世上最安心与幸福的事情吧。

只是，父亲永远是走在儿女前面的人，母亲也是。引领我们的来处，又指明我们的去处。我很想对父亲说，不是我不愿意回去给他上坟，而是我没有那份勇气，尽管已经五年了，可我觉得父亲还在。乍然面对一座坟茔，再想到在下面的那个人……人世向来蓬勃连续，但也年年荒草，风吹黄土。我时常觉得，时间、生命和我的父亲，还有爷爷奶奶、大姨、两个舅舅等先后辞世的亲人，乃至因大小灾难、疾病和祸事而辞世的人，他们依旧栩栩如生，并且合力在我的内心和灵魂当中，垒起了一座高高的坟冈。

① 作者希望父亲转世成自己的孙子，换成自己好好疼爱和照顾他，浓烈的父子之情扑面而来。

延伸思考

1. 父亲去世后，作者却感觉父亲没有离开，一直在身边。你如何理解作者的这种情感？

_____

_____

2. 文章结尾写到"人世向来蓬勃连续，但也年年荒草，风吹黄土"。你如何理解这句话的意思？你联想到了哪些富有哲理的诗句？

_____

_____

3. 试分析文章题目的含义。

_____

_____

这是多么幸福的事情

名师导读 ▶

　　每个人对幸福的理解都不同，同一个人不同的年龄与时代对幸福的理解也不同。反复阅读课文，体会作者所说的"幸福的事情"是指什么？如何理解作者的这种感情？

　　母亲是闲不住的人，六十七岁了，还总想到外面干活挣钱。前几年，妻子把她接到我们家。那时候，我们还在巴丹吉林沙漠边缘的军营。去了还没一个月，母亲就要求妻子给她找个活干。说："整天游来串去，看电视，到这儿那儿去看新鲜，还不如给俺找个啥活儿干，多少挣点钱，比啥都强！"我说："我又不缺你花的那几个钱，出去吃那个苦干嘛？"母亲叹息说："光坐着，啥活儿也不干，多难受啊这个。"我把她拒绝后，母亲还嘟囔着说："人来这世上，就是干着、挣着吃饭咪！天上又不给咱掉饼子！"

　　① 我完全理解母亲。可总觉得，一个辛劳大半生

① 几句话就告诉读者母亲这一辈子吃过的苦，也是作者想让母亲清闲一点的原因。"车载斗量"一词，夸张，富有表现力。

的人，还亲身经历了地震、灾荒和洪水等重大灾难，吃的苦车载斗量都不为过。到这个年纪，也应当清闲一点儿了。妻子看母亲心急火燎，坐立不安，就在楼后找了一片废弃的田地，让她种菜。母亲很高兴，说自己种菜自己吃，还省钱。可是，沙漠盐碱地，根本长不好蔬菜。几个月后，她一回家，就又荒草连天了。

这一晃，几年又过去了。期间，除2013年春节到我们一家所在的成都来住了两个多月外，母亲一直都在南太行老家，和弟弟一家日出日落地生活。忽有一日，弟弟来电话，劈头就说："哥，咱娘要去沙河给别人家带孩子。"我一听就来气，大声对弟弟说："不要让咱娘去！"弟弟转手就把电话给了母亲。

母亲说："这活儿是你小姨妈给联系的。那户人家夫妻两个都上班，孩子两岁多，一个月给一千五百块钱。"我想也没想就说："不要去！"母亲说："在家闲着也是闲着，出去挣个钱也好。"我说："你没钱用了？"母亲说："有啊，可是多挣点总是好的吧。"

这是母亲的一贯想法，可能是经受了太多贫苦，挣钱，存钱，省钱，成为她大半生的机械动作。我忽然想到，该不是母亲又和弟媳妇闹别扭了吧？一问，母亲就说，那个人不懂个好赖话。从这句话中，我就知道了大概。但肯定也不是什么大不了的事儿。就说："一家人在一起过日子，哪里还有勺子不碰碗的事儿？她就是那样的人，别和她一般见识，要不，你就撒开手，让她自己折腾去吧。"

① 上述所谓的她，是指弟媳。弟媳为人，和母亲

❶ 情绪表现在脸上，说明母亲善良直爽，是一个藏不住事、心里干净的人，也为下文写母亲粗枝大叶带孩子做铺垫。

一样心直口快，高兴就咧嘴笑，不高兴就把脸拉长；有话就冒出来，没话就一边待着，坏心眼倒是没有。

听说母亲要出去给别人带孩子挣钱，妻子也笑了，小声对我说："就咱娘那粗枝大叶的样子，自己的孙子都带不好，去给人家带孩子，不要三天就被辞退了。"

母亲做事确实有些粗糙。前些年，我们儿子还小，她去小住，偶尔带孩子，我们出去没半天，回来孩子就糊得满身脏东西，孩子裤子尿湿了还不知道。我说了她几句，母亲却一本正经地说："孩子嘛，看着他不碰到受伤就行了呗？哪儿还有这么多的讲究？"回到老家给弟弟带孩子。孩子满院子爬，除了吃喝拉撒，啥也不管，往往还没到中午，孩子就成土人了。

母亲几次劝我和妻子再生一个孩子。我说国家政策不让。母亲说："那就有了到咱家里生，俺给你们带！"妻子笑得前仰后合，对母亲说："要是留给你带的话，三天就成了黑麻袋了！"母亲有点儿不高兴。我说："娘，这不是带得好、带得不好的问题，是让生不让生的事儿。再说，现在的孩子也和以前不一样了，还按照你以前那种方式，孩子哭了给点吃的，渴了灌口水，撵到院子里让他自己玩，那不叫养孩子，叫放羊！"

母亲笑。

母亲不识字，电器一概不会操作，人家孩子要是饿了咋办？热杯奶都不会。即使别人教会，可很快就忘了。那一次在我家，教了无数次，最后还是把煤气开关拧坏了。再说电器，弄不好还会触电。

母亲说："人家等回话呢！俺也想去。"

　　我就对母亲说："你啊，你到别人家里，别说给人家带孩子了，自己都是个问题。"说到这里，惹不住笑了。母亲也笑，然后对我说："那就给人家回个话，让他们另找吧。"

　　我说："这就对了。"

　　挂了电话，想起母亲要去给人家带孩子的事儿，又忍不住笑。不是笑她愚笨，而是笑她天真。① 她一个大字不识的农村妇女，对现在的城市生活是完全陌生的。她长年累月与镢头、镰刀、火柴、柴禾、井水等乡村事物打交道，如何能应付得了那些复杂的电子控制和信息产品呢？

　　我不知道这是真的愚笨，还是朴素得几乎与世隔绝。文明、技术的发展，势必要丢弃一些人，给一些人带来便利，也给一些人制造难度。我常常想，若是没有了乡野，不懂电子和电器产品的农民该如何生活？谁来教给他们越来越精细复杂的电子技术应用？倘若乡野整体性消亡，类似母亲这样的一些人，该如何自处？

　　② 乡村始终是民族传统的根部土壤，当乡村消失，那些民间传统、民族习性乃至精神传承也将不复存在。虽然，大同是一种趋势，但丧失了自己特性的人群，就等于从精神和文化上被悬置。那种空，那种乌有，前后不着，左右不靠的精神境遇，当是我们人类最痛切的悲伤与不幸吧。

　　再打电话回去，母亲连着说："俺没去啊，真的没去！"我笑说："娘啊，你在家，给聚平建芳（弟弟和

　　❶ 母亲在农村里操劳了一辈子，又没接受过教育，面对飞速发展的社会显然是落伍的，由此折射出类似母亲这类人的生活方式，引出下文的思考。

　　❷ 这一段的内容显然升华到了一个高度，是作者对生活的哲学思考。指明虽然科技发展很快，但是土地依然是每个人的根，有着传统习俗和精神传承。跟得上社会是件好事，但是不能忘了自己的根本，引人深思。

弟媳妇的名字）带好孩子，让聚平好好给人开车挣钱，建芳把地种好，不是挺好的事儿吗？"母亲说："就是的啊。"我笑笑，心里觉得一股温暖。又对她说："你要是想出去转转的话，就去，我给你钱。"母亲说："可不去了啊，俺和你小姨刚从市里面回来。"

放下电话，忍不住笑了一下。也觉得，①人的老其实也是一种返童现象。从一无所知中来，慢慢学会复杂，然后又慢慢回到初来时候的状态。这是一件多么奇妙的事情。在这个脆弱、慌乱、无度、奇诡、多难的年代，有一个孩子一样的母亲，不在身边，但时时可以听到她的声音，她偶尔会有点儿小想法，让我笑或者无奈，这是多么幸福的事情啊！

① 母亲老了以后活得如同一个孩童一般，自然，率真，所谓"返老还童"就是如此吧。作者用富有哲学思考意味的语言阐述了一个饱含爱意的普遍现象。

延伸思考

1. 你从哪里看出文中的母亲是一个勤劳、闲不住的人？

_____

_____

2. 请简要分析文章结尾段。

_____

_____

第三辑

爱与痛：
我们在今生相遇

出来一对母亲和子女，我睁大眼睛看，不是，又出来一对儿，还不是。几位新生儿，虽然都被包裹着，但神色稚嫩可爱，一双双的眼睛，波澜不惊或者煞有介事地看着他们刚刚降临的世界。我想，早在母腹之中，这些孩子肯定也通过母亲，看到和感受到了这热气腾腾而又嘈杂的烟火人间。

【北京市昌平区 2020-2021 学年高三上学期期末质量抽测】

阅读下面的作品，完成下面小题。（15 分）

南太行的妖娆山野

①板栗树冒出黄色嫩芽的时候，杏花、桃花和梨花早已经开过。与板栗树同步的是洋槐树。这种树木，在南太行乡村的山野极其普遍。每当春天，满树花朵洁白绽开，蜜蜂们忙得前脚跟后脚的时候，村人会提上荆条编织的篮子和长把的镰刀，到附近的山坡上去采。

②花朵当然是人吃，绿叶子喂猪。猪在吃绿叶子的时候，常常故意先捡里面残剩的洋槐花来吃，还把嘴巴吧嗒得很响，以示抗议。人们把洋槐花洗干净，再和玉米面搅拌在一起，放点盐，放在箅子上蒸熟，倒点香油，吃得满口生香，仿佛整个身体，从里到外，也都有了花香似的，觉得特别轻盈，又很充实。洋槐花和玉米面联合的甜丝丝的滋味，至今还留在舌尖上，每一想起，就忍不住吞咽一口唾沫。

③从这个时候开始，新的一年才算真正开始。农人一方面跟随节令，另一方面就是跟随庄稼，展开一年四季的生活。这时候，麦

苗连夜疯长，早上吓人一跳。青油油的，像是染了绿墨；没有太阳光的时候，看起来有些发黑，但也是油油的那种黑，深深的黑。玉米也是，悄悄拔节，把星光下的山野吵闹得愈加热闹。只有各种豆子长势缓慢，它们大都被套种在玉米或麦子地里。人很偏心，总是先照顾长得快的、高的庄稼。豆子们也知道，为了使自己长得快一些，它们会伸出柔软的青色的手臂，挽住人高马大的玉米秆子，努力攀缘而上，不断争取与阳光谋面的机会。花生也要在这个时候点种，但它们的待遇一般较差，人总是把他们种在山坡上。还有芝麻、黄豆、红小豆，等等。在人们眼里，它们是类似于杂草一样的庄稼，越是与荒草挨得紧密，越会长得好。

④河北沙河、武安一带的太行山山峰林立，莽苍无际，众多的悬崖隐藏其中，林子虽然不大，但也很茂盛。人进去，就和其中的一棵树没有区别了。要找，得扯着嗓子喊。林子的树下，特别是阳光可以经常光顾的地方，茅草丰厚，里面有柴胡、党参、黄芪等药材。为了挣到零花钱，不太忙的时候，村人就扛着锄头，提着篮子，去挖药材，回来晒干了，卖给药材贩子或者就近的中药铺。

⑤高山起伏，犹如不停翻卷的巨大波浪，也像是群龙聚首。但再高的山，也是一沙一石积累起来的。接近村庄的时候，山势逐渐减缓，土质也随之改变，松软、肥厚，用锄头一刨，把野草和荆棘搬离原位。通常，大半天工夫就可以开出一片田地。据父亲说，他年轻的时候，大家觉得田地少，人口倒是一年比一年多。为了多打粮食，村人就选择山上土比较多的地方，开垦出一些新田。可也奇怪，山里田地，总是产量很小。同样一片地，即使雨水充沛的年景，也还是不如村子附近的正规田地。人开始不明白，久而久之才发现，那些野草和荆棘虽然被除掉了，可它们的根还在，一不留意，就又

滋生出更多的同类来，使得庄稼无力抵抗，土地的营养都被原来的植物吸取了。

⑥人们渐渐离开了山坡，有的出去打工了，有的办了养殖场，还有些，凭着脑子和嘴巴做生意。再加上政府号召封山育林，不到一年，先前的山坡就又恢复了原来的葳蕤，杂草卷土重来，就连消失了的野鸡、野猪、狼，都再一次出现了。老人们说，从前没有电灯的年月里，都是听着鸡鸣和狼嚎睡觉、起床和上地下工的。现在，有了电灯、电话和楼上楼下，又可以听着狼嚎过日子了。还有的栽种了苹果树，每当秋天，沉甸甸的苹果在枝头上纷纷笑出声来，红扑扑的脸蛋，胖胖的身子，惹得孩子们总是流口水，有胆子大的，趁主人家不注意，从茅草当中爬到果园边上，惊慌得兔子一样，摘几个连滚带爬地躲到自以为安全的地方大快朵颐。

⑦麦子已经成熟，不要三五天，就被人收割了。玉米开始吐穗，粉红还有点发紫的玉米缨子挂在长长的叶子之间，闺女的发辫一样。四季豆也开花了，紫黑色的，很不起眼。韭菜割了一茬又一茬。站在院子里，头顶不断有鸟鸣，还可以听到喜鹊等鸟儿忽闪翅膀的声音。阳光下的山野，一片苍郁，庄稼和草木竞相展开，不断分枝，增添新的力量。天空上，云朵飘逸，如丝带。<u>两边的青山上，寂静而又喧哗。</u>

⑧板栗树早已开过花了，长条状的、有点儿像弹簧的花朵枯萎成黑色，慢慢掉落，取而代之的是浑身长满细小尖刺的板栗。圆球形的板栗，开始小如指头肚，慢慢地膨胀、扩大、成长，想起来就很有意味。站在山岭上，漫山遍野的板栗树，青色的果实、稠密的绿叶子，看起来蔚为壮观。

⑨村庄在远处近处的山坡上燃起烟火，慢慢增多的各式车辆在

盘山道上，一会儿钻出一会儿隐没。那是来这里旅游的外地人。近些年来，南太行开发了不少景点，引得外地人不远千里万里来到南太行，一个个睁着好奇的眼睛，在生养我们的沟壑、山野之间，寻找自然与乡野之美。

1. 下列对文中加点词语的解说，不正确的一项是（　　）（3分）

A. 还把嘴巴吧嗒得很响，以示抗议　　抗议：表达不满意

B. 觉得特别轻盈　　轻盈：轻松舒适

C. 先前的山坡就又恢复了原来的葳蕤　　葳蕤：草木茂盛的样子

D. 想起来就很有意味　　意味：板栗美好的味道

2. 下列对文章的理解与赏析，不正确的一项是（　　）（3分）

A. 文章开头写春天的板栗树冒出黄色嫩芽，与后文漫山遍野的板栗果实成熟相呼应。

B. 文章第③段运用比喻、拟人等修辞手法，写出农作物应时生长，长势喜人的情景。

C. 文章结尾写南太行开发景点吸引外地人来旅游观光，暗含作者对环境破坏的担忧。

D. 作者情感细腻饱满，语言生动有趣，亲切自然。叙事描写有浓厚的乡村生活气息。

3. 第⑦段中写到"两边的青山上,寂静而又喧哗"，根据文意回答"寂静""喧哗"的具体内容，并分析作者这样写的寓意。（4分）

_____

_____

_____

4.文章题目"南太行的妖娆山野"内涵丰富。结合全文，请你分析"妖娆"的内涵，并谈谈以此为题有怎样的表达效果。（5分）

_____

_____

_____

与子书：最好的相遇，最好的爱

名师导读 ▶

　　作者在将近知天命的年龄有了自己的第二个儿子。长子与幼儿相隔十八年，一前一后来到这个世界，分阶段的成长，人生有了交点，这就是最美好的相遇。作者从一个父亲的角度，将自己的人生感悟和工作生活、为人处世的观点转化为对儿子的谆谆教导，字里行间都表达出作者对两个儿子深深的爱。

　　2002 年，儿子锐锐在巴丹吉林沙漠，即中国酒泉卫星发射中心医院出生。①闷热的初夏时节，沙漠的干燥、暴烈，充满了对太阳的强大欲望，稀疏的植物在弱水河边与干旱进行坚决的抵抗。他属马，为了他以后具备奋蹄先前的力量，我给他起名一个单字：锐。无论是战马还是躬身于垄亩或者其他行业的马，蹄子

① 运用拟人的修辞手法，形象地表现出沙漠的干燥、炎热。

总是会磨损或者长得变形的。在古老的农耕时代当中，为马修蹄子，钉马掌，也算是一份职业。

尽管，这已经是一个信息化的迅捷时代了，但古老的传统或者说寓意，我觉得还是没有多大变化的。十八年后，我庆幸自己当初为他起的这个名字是对的。按照中国传统的五行生克制化的说法，他的名字当中，是该加与金有关的字的。按照家谱，我这一代人，为"志"字辈，我儿子这一代，为"大"字辈。如果再加一个字，叫大锐，也是非常不错，相同极少的一个名字。

① 从这句话可以看出，作者希望两个儿子之间存在除血缘之外的亲密联系，为下文做铺垫。

锐锐之后，我想我这一辈子，大致只有一个儿子了。没想到，2020年4月初，我的二儿子出生了。**①** 在给他取名字的时候，我想到，必须还要有一个锐字或者锐的同音字。和妻子纠结了几天，给二儿子取名芮灼。芮，为系盾的绶带，五行属木，灼，当然五行为火，其意取自《诗经·桃夭》"灼灼其华"一句。

② 世事无常，但又好像是命中注定。作者用哲学般的语言表达了自己对长子与幼儿的感慨。

两个儿子，前后相差十八年。一个刚成年，一个刚出生。这种情况，大抵在古代是比较常见的，而在当代则有些离奇。兄弟姐妹之间，最好的年龄差是五岁左右，这是上了年纪的人说的，大致是有些经验在其中的。可是，人生无常，谁也无法确定自己的未来会遭遇什么，也不知道自己这一辈子，到底能做些什么。**②** 很多事情，看起来自然而然，但其中又有机缘巧合的玄妙。

③ 写出了自己人生境遇的无奈与苦楚。

如我。从没有想到，自己会离婚再娶。和大儿子锐锐一起的时候，也从没有想过这一生会和他们母子分开。但造化弄人。**③** 人生的某些事情，真的是令人欲哭无泪，欲辩无言，欲爱不能。2020 年，再有几年光阴，我就是半生的人了。在不远的农耕社会，这样的年龄，无疑是垂垂老矣的老年，如孔夫子所言，五十而知天命。一个知天命的男人，再生一个哇哇幼儿，等他长得和大儿子一般大的时候，我已经是将近七十岁的老人了。七十古来稀，大致是万念俱灰的人生末端了。

这令我悲伤，而最令我担心和悲伤的，却是对于两个儿子的爱。因为，两个儿子同父异母，大儿子现在又处在高考冲刺阶段，小儿子浑然不懂人事，自然是无法叫在一起说说话的。再者，两个儿子不在一起，即使将来，也不知道他们会不会有所交集。^①但我的本意，是想他们在世上不孤单，血缘亲情，总是能够给予对方安慰的。看着怀里的苦恼的稚儿，想着此刻在埋头读书的那个少年，心里想了很多。也觉得有很多话要对他们说。当下的信息便捷，网络互通，很多东西都是可以共享的。

两个人，一前一后，这是最美的相遇。他们先后来到，分别分阶段地成长。与世界是一种增强，于人类，则是一种助力。^②我不希望他们如何显赫与超越众人，只想着，他们能够好好成长，在如此急速变换的年代，以及可以想见未来，能够安泰其身，德行本分，在人畜无害的基础上，好好生活，好好被爱和爱人，爱更多的人。

于是乎，想了一些话，也即自己近半生的经验，用文字的方式，说给他们，我觉得是一件好事。我想对他们说：无论何时，永远要武装自己。思想、识见、判断；

❶ 两个儿子年龄相差较大，又是同父异母的关系，作为父亲希望两个孩子能互相依靠、彼此扶持的心愿显而易见。

❷ 这是一位父亲，对两个儿子的最美好的期望与祝福，也是最质朴的爱。

加强修养，文化，文化，文化。不要追求完美，苛求完美，只能头破血流。完美是不存在的，过去是，现在和将来都是。这是整个万物的宿命，人类当然也在其中。

在这个世界上，不要寄希望于任何人，因为你就是你，唯独的一个。但要善良地与人合作，互助是一种很好的美德。尽管有时候会遭到欺骗，但最终你是胜利的。也不要觉得哪里比这里好，比如自己的家。①所有有生物的地方，都充满残酷的丛林法则，竞争是一种本能和生命状态。但竞争也要有底线。如，不可趁人之危，落井下石。即使背后做一些不好的事情，也要留一个缺口，好让人不至于绝望。因为放人一马，也是放自己一马。

世上最好的事情，唯有血缘亲情，切勿相信那些三观一致可以代替亲情的好听话。不论年轻还是老了，要试着寻根，而且要用心用情。就是祖宗之地。人有来处，也有去处，你们这样做，后代也会如此。②人和人，其实是一种转换，从祖宗到你的子女，看起来是流转，其实是子孙们代替先祖们在世上行走和活着。

相信自己，依靠自己，大多数时候只有你自己，而人，最终也只有自己。相信善的力量，德的力量。读书，切勿只读西方的和流行的。学会要与时尚反着来，当人们一哄而上的时候，可以退后几步。读书也是如此。他们说好得不得了的，按住性子，至少等半年之后再读。相信慈悲，不要相信什么爱，爱是浅层的，情绪的，慈悲是一种胸怀和境界。即，无论敌人仇人还是亲人朋友，无论十恶不赦还是普度众生的人，尊敬他

❶ 竞争是人生存的本能，就像生物之间的优胜劣汰、物竞天择，在群体中生存就会有竞争。但竞争要建立在善良的基础上。这是一位父亲给孩子做人的忠告。

❷ 从祖宗到子孙，一代又一代轮回，这就是我们常说的生命的延续。

们，并且对万物保持敬畏与友好之心，对同类以礼仪，以利益，以生路，必要时候，学会让路。成全他人也是一种功德。相信平凡的力量，多数人是平凡的。平凡和普通不可怕，因为普凡才是最真实的人生。

没事多读《道德经》《增广贤文》，以及社会科学和自然科学的书籍。古今中外，唯有读书，才能使得自己真正立于不败之地。时刻关注新学科和新思潮。尽可能地保持中立的立场和态度，这不是中庸。世上的纷争，都是利益之争。要善于听意见和建议，如果你们是一个小头目，最聪明的做法，就是挖掘下属的聪明才智，给他们舞台，让他们发挥。世上所有伟大的事业和发明创新，都是一群人的事业。只不过，成就和殊荣多数归于有思想与前瞻性的人。一句话，无论在何时何地，人要具备战略思维。

情商要高，不高，就要努力培养。不要在乎智商，世上最高的东西，不是聪明，而是智慧。凡人更需要智慧。学会吃亏，吃眼前亏，不要吃一辈子后悔的亏。再者，冥冥之中，有一些律令，需要用智慧去参悟，用心去谛听。愚笨的人不会知道，而且是永远。

凡事切勿总是以为自己对，世上没有对这个东西。凡事凡物，都是多面性的。在一些事情上，诸如影响和关系很大的事，一个基本标准是，以影响利益的人数为基准，凡是为一己之私或者少数人之利益而罔顾更多人的事情，哪怕旗号再嘹亮，那也是不道的。人之为人而众人，方为"大人"。① 口号是最害人的，而且，越是漂亮的，正义的，越是可疑。古今中外皆同。

① 作者用最直接的方式告诉我们，空喊口号无益，实干才是本色。无论任何时候，要正确处理"说"和"做"的关系。

115

无常，万事万物皆如此。不要以为这该是你的，哪个也该是你的。物质的本质是流通和交换，人情也是，同胞兄妹也不例外。人心无常，是常态，不是偶然。至于人性，幽邃，不可测。能不试的，最好不要试。如果遇到了，懂得就对了，理解就对了。不论对谁，要有一个温和的态度，这很重要。尤其是血缘之外，即父母之外的任何人。一则，世上的谁，本质上都是互不相欠，也没有谁一定要对谁负责。

爱你的人，而且真爱你的人，一个人，一辈子，父母之外，大致只有那么一两个，三个绝对不可能，是奢侈的梦想。因此，珍惜真爱你的人，也是毕生的一门功课。

不要趋炎附势。世上所有的"红"和权势，金钱，都不是无缘无故的，也是最不长久的。安于平淡的生活，可能是大多数人生活的理想状态。欺老不欺少。因为，风水轮流转，也是一个普世真理。

世上没有所谓的普世真理，普世的真理就是，生活中与人为善，合作，有团队精神与独立思想；包容、和解、不以己度人、心怀悲悯，有鼓舞他人的学识和力量。① 为人好，为人人好，为更多人好，更多的事物好，而不是徒劳无益的口号与争论。坚定地永远站在大多数人的一边。

② 世上的人，只有自己生养了，才会懂得慈悲和仁爱，才会感恩于父母的恩德，以及天地万物对自己的包纳、给予和恩赐。有很多时候，抱着稚儿灼灼，却喊出锐锐的名字。作为他们的父亲，我心情复杂，幸福而又迷茫。我只是觉得，生下孩子，无论他们将

① 作者表明了自己的两种观点，一是要博爱，要与人为善；二是要实干，付诸行动，不要空喊口号。

② 养儿方知父母恩。不仅如此，作者还将这份感恩延伸到天地万物。

来如何，作为父亲，唯有尽己所能，给他们好的家庭生活与文化教育，尤其是品质的养成。

这是 2020 年夏天，稚儿懵懂，长儿已经置身于广阔的世界。作为他们的父亲，我这样一个中年人，每一想到他们，就眼眶发热，眼泪悬悬欲滴。内心也总是升腾着一种温暖而强韧的东西，那就是血缘亲情、慈悲、鼓舞、深爱、期待、奉献，以及无可阻挡、如风如雷的成长与衰老。而人最美好的，大抵就是，无论何时，总有希望的曦光，总有灵魂的雨露与血液里的花朵与琼浆。

延伸思考

1. 作者用文字的方式表达了对两个儿子的教诲与期望，请概括作者表达的观点。（最少概括出 5 点）

_____

_____

2. 作者的哪些忠告使你产生了共鸣？结合自己的生活经历选择其中一点谈谈你的理解。

_____

_____

3. 课下阅读《傅雷家书》，比较两位父亲在教育子女方面的相同与不同之处。

_____

_____

"爱是我们存在的唯一标识"

作者用第二人称，表达了自己与儿子锐锐分开后的生活及对儿子的牵挂与关注，尤其是对儿子报考大学及专业的鼓励与肯定，对儿子即将开启的全新生活的期许与祝福。阅读文章，体会字里行间流露出的一位父亲对儿子的深情，体会"爱是我们存在的唯一标识"的含义。

❶ 总领全文，暗示"我"的家庭和情感的复杂。

❷ 三言两语点出"我"曾经的艰难境遇，但即便艰难，"我"也走过来了，为下文"我"给儿子正能量做铺垫。

① 相对于其他的家庭或者说父子关系，锐锐，我们还是有一些复杂的。我从没有想到会和你分开生活。可现实如此，人生最大的面对是无常。从你初二那年秋天开始，我见你很少。你和你妈妈一起生活。我后来听说，这期间，你也生了几次病，还有住院的情况。② 我也是，我从原先的家净身出户之后，也得了严重的抑郁症，住院三次，而且是一个人。在这几年间，我也逐渐明白，人生的变数很多，在这个俗世上，唯一牢靠的关系还是血缘关系。尽管，现在的科学技术

已经可以对基因进行编辑和修改了。但不管如何，我们每一个人，都是有来处的。我们的来处就是我们的父母，以及列祖列宗。

这一点，天地万物都是一样的。

前些年，有空时候，我还去学校看你，带你一起出去吃饭，说说话，休闲一下。2019 年，正是你高考之际，你妈妈让我少打搅你，以便于你集中精力好好读书，能够考一个好的大学，选择一个好的专业。我也就没有多和你联系，去绵阳看你的次数也少了一些。但这并不意味着我要放弃责任。①2020 年，你满十八岁了，我专门去参加了你们学校举办的盛大的成人礼。在泱泱数千人的同学中，你的个子是最高的，也是最帅的。还记得，我请一个陌生的同学给我们父子俩合影，我站在你面前，就像一个老孩子。

① 父亲在儿子人生中的重要时刻从未缺席。满满的父爱，也是父子亲情最重要的"标识"。

每次看这张照片的时候，我就有些心酸，还有些沧桑的挫败感。是啊，我们都是时间的产物，也都是时间的祭品。②人生在世，所为所作无非是做好自己，照顾好自己身边的人，还要兼爱众生与团结他人。

② 做好自己，与人为善，由亲情之爱，到博爱，字里行间都彰显着作者的价值观。这也是作者始终在传递给儿子的一种生活态度。

锐锐，所谓读书，一方面是为自己找寻立身之本，以及活在这个人世间的种种素质与能力，更重要的是思想及其现实作为。另一方面，就是在任何时候我们都可以明辨是非，保持做人底线，与这个世界和解，更要对这个世界进行有效而独特的辨析与非暴力式的反击。读书看起来是有用的，可又是无用的。但根本是，文化是人类生活中的"无用之大用"。只要生而为人，无论这辈子做什么，年轻时候无论成功与失败，都不重要，重要的是，一个人如果放弃了读书，放弃了不断地更新自己知识结构，放弃了对文化、信仰、精神的不断求索与深入理解和吸纳，那将是不幸的。文化是用来提升我们自己的认识水平与判断能力的，也是用来滋养我们的精神和灵魂的，用来不断武装我们，用文化不断武装自己，进而不断地获得新的生存资源，以及升华自身的思想境界。

很庆幸，锐锐，你非常努力，也做得很好。你的成绩超出了我的想象。尽管录取学校不是你很理想的大学，但我异常自豪。因为，你选报的大学，尤其是专业，我非常满意且感到惊讶。环境工程、地球物理、海洋资源勘探、能源与动力工程、机械智能制造、海洋油气工程、地质学、空间科学与技术等等。这是很有前景和眼光的选报，也是你有自己的追求与梦想的选报。从古至今，尤其是当下的年代，人类对于宇宙和地球的探索已经很热门了，也是很有前景的专业。而更重要的是，利用科学技术手段，不断地探索未知之物，并且融合到当代科学发展的大道上来，我以为是一种伟大的事业。[①] 一方面，科学可以带着我们进入到陌生而神奇的万物始终及其运行轨迹，另一方面，做科学研究，其实就是向天地万物致敬的过程。

我知道你现在还在犹豫，复读还是就学。老爸的个人意见倾向于你选择入学就读。越是冷门的，可能越是大有前途的。选大学不重要，专业才是最重要的。我也知道，你的兴趣在地质学上。这一点，我也很赞同。可我觉得，任何学科都不是孤立的，就像科学技术与

● 表达了作者对科学及科学研究的尊重与崇尚，也是对儿子选报专业的鼓励。

人的文化精神、信仰、思想并不相悖，反而是有机的整体一样，①真正的学者与科技工作者，都是触类旁通，举一闻十的。如果拘泥，那么思维就会受到限制，如果强调唯一，那么可能就会进入窄角或者迷茫之途。

  开学在即，我想对你说的是，你愉快地，而且有使命感，充满好奇地去进入你想要的专业，进入你将开始了解与研究的专业领域。我不是一个独断专行的人，也不是一个十分望子成龙的父亲，更不会虚荣。我尊重你的一切选择，无论你学什么专业，将来做什么职业，我都会一如既往支持你、相信你，绝不会因为一些世俗的东西而放弃你、抱怨你。②因为我相信，锐锐是一个有主见与前瞻性和创造力的孩子，也是一个心怀梦想的好青年。

  当然，作为父亲，我也知道，你也成年了，现在第一次离开家那么远去读书，开始独立生活，我还是心有顾虑和不安的。在这里，我想起西蒙娜·薇依的一句话。即："爱是我们存在的唯一标识。"她还说："冥想、思考和行动，是人生的三个任务。"因此，我想对你说，锐锐，到了一定年纪，努力学习课业的同时，要保持探索精神，要有"究天人之际，通古今之变"的好奇心与行动力；遇到喜欢的，你要去爱。但要尊重身边的每个人。遇到不法与恶意的伤害，你一定要保护好自己。要与人为善，有团队精神；要自我独立，远离有损于自己和他人的享乐与逗能活动。因为，你的人生由此崭新，你的一生由此开始了绮丽而富有意义的征程。

① 知识可以融会贯通，学习应该触类旁通，万事万物都不是孤立存在的。这里作为父亲给儿子的忠告。

② 父亲对儿子的赞赏与肯定，也是对儿子无条件的爱的体现。

延伸思考

1."爱是我们存在的唯一标识"，你如何理解这句话的含义？

_____

_____

2.请用文中的一句话表达作者对于读书的观点。

_____

_____

3.文章结尾段，表达了"我"对儿子的哪些期望与教诲？结合文章内容简要概括。

_____

_____

春节是一种内心的文化仪式

名师导读 ▶

春节是中华民族最重要、最有仪式感的节日，不同地域、不同民族有着不同的春节习俗。作者以亲身经历介绍了河西走廊一带、河北南太行老家、成都等不同地方的春节习俗，虽各有不同，但都寄托了人们共同的哀思、敬畏与美好的祝愿。

①风沙弥散，天空高远，穿着厚厚的羽绒服，走在戈壁滩上，身体感觉到的那种冷，令人想起"风头如刀面如割"的诗句。这是大年初五上午，吃了早饭之后，人们都去往了戈壁滩。那荒芜之地埋葬的，是每个人的先祖。在甘肃，或者说在河西走廊西段，人们仍旧保持了这一种习俗。②而在我们河北老家，也就是南太行乡村，每年之间，上坟约定俗成的日子，只有清明节和农历十月初一，其他时间去，则算是对先祖灵魂的一种惊扰。

❶ 引用诗句，形象地表现出冬天戈壁滩异常的冷。

❷ 不同的地方习俗不同，寄托的意义与情感也不相同。

在甘肃十多年，我能感觉到的春节，过年的气氛和人们的情感，依旧是隆重和浓郁有加的。这一带长期处在历史和民族的混血地带，一个军事力量到来，必然使得原来的土著不得不让出生息之地。如此一来，在漫长的时间中，河西走廊乃至整个古代被称为边塞的地方，就有了一种复杂和丰富的文化意味。然而，历朝历代当中，移民屯边、戍守与流放者也先后进入此地，进而使得这一片紧靠雪山、毗邻戈壁大漠、绿洲的广阔区域，始终与中华民族同宗同脉。在文化习俗上，先民们携带了整个中原乃至汉文化的强大基因和传承力量，在荒芜的沙漠之间，小小的绿洲与低山之处，代代进行着与我们先祖遥相呼应的生存繁衍并其风俗传统。

就此而言，我是经历过多个地方春节风俗的人，这一方面源自当代科技的发达、精准与快捷，另一方面则因为人生的多种变化与际遇。从出生到少年，我都在河北太行山里的一座小村庄里度过，一方水土给予我的，生养之恩最大，绵延不绝的古老的文化传统也是强大无比的。关于那一片地域，我后来在文章中称之为"南太行"，其位置实为东，之所以这样命名，一是地理，即其处在北京之南，又与河南安阳接壤，西则与山西勾连。二是气候，我始终觉得气候创造历史是一个非常科学的经验，我之所谓的南太行，春夏秋三季的气候与地表特征等方面，确与南方有着同样的湿润和葳蕤。

我始终觉得，一个人能够有多个地域的生存经验，是很幸运的。① 关于春节，传统意义上的过年，城市或者说城市人群在这方面已经有所淡化了，这固然有物质丰富、思想多元和习俗多维的因素在内，但最根本的，还是人们在信息时代，以及全球化语境中，逐渐雷同了的结果。与之相对的是，越是偏僻、稍微落后一点的地方，在坚持传统习俗上的韧劲愈加充足。如在我们的南太行乡村，年节到来之前，无论多远，只要父母还在，孩子们都要回家，但出嫁的闺女，大年三十和初一是不可以在娘家过的，除非其他情况。儿子们则要带着媳妇和子女，辗转回来，或者把父母接到他们的地方去过年。再者，亲戚之间的往来次数很多，年前需要带着东西或者红包去看望作为长辈的亲戚，年后还要带着礼品再去给他们磕头拜年。

磕头这种古老的，被认为腐朽的传统，在我们南太行乡村依旧存在。② 一般情况是，大年三十晚上，房子里不管住不住人，一定要把灯打亮，彻夜不熄，寓意烟火常在，家道平安吉祥；初一早上，天不亮就要起床，而且，谁家起得早，寓意谁家来年什么好事都会赶在他人前面，因此，我小的时候，每年的大年初一，坚持不睡觉，一过零点，先是把一枚小的花炮在门槛内炸响，意思是驱赶走停留在门外的邪祟鬼魅等，然后开门，在院子里燃放各式各样的花炮，紧接着，再到自家其他院子里燃放。

家人先后起床后，洗了手和脸的水要留起来，等到太阳出来，再端出去泼掉。男人们通常点火做饭，孩子们双手冻得通红，在院子里燃放鞭炮。等到饺子

❶ 对比的手法，写出了城市信息发达，经济进步，人们的生活习俗被同化，传统意义的过年意识已经淡化，而农村却还保留习俗，有鲜明的地域特色。

❷ 看似有些迷信的规矩，其实是人们对生活的一种美好愿望，是期盼和寄托。

煮熟之后，要先敬拜天帝、灶爷、土地神和祖宗，然后自己吃。吃了之后，男人们带着孩子们先去给自己的亲爹娘磕头拜年，再去给爷爷奶奶磕头拜年，再然后，按照血缘的远近亲疏，逐一磕头拜年。<u>①到长辈家里，都很热情，哪怕是平时有些过节，这个时候，除了杀父之仇、夺妻之恨，人们也都会不计前嫌，来了就好，大家一起说说笑笑就好。</u>

❶ 过年的和谐，既是对美好生活的期盼，也表现了家乡人的淳朴善良。

等到天光大亮，一个村子，基本上都走遍了，男人们聚在某一家当中，喝点酒，说些吉庆的话。女人们则三三两两或者独自一人，去给长辈们磕头拜年。这种男女不同步的习俗，我不知道源自何时，也不知道其中具体的说法，老是觉得，这可能和儒家的男尊女卑的传统意识有关。可在平时，无论南北，乡村还是城市，女人当家已经是普遍的现象。但在我们南太行乡村，尽管多数家庭中，女人是一把手，大小事情说了算，可在这一天，必须按照传统的规矩办，不然的话，就会被人笑话。由此来看，文化习俗也是一种具有神圣意味的约束力量。

❷ 富有哲理的语言，告诉我们春节习俗其实是一种文化仪式，让人们遵循约定俗成的习惯，又心存敬畏，"处处保持正道与克己守身"。

<u>②文化既是一种沿袭的风俗，同时也是一种文化的、道德的规范。</u>如河西走廊人们大年初五上坟，我们南太行乡村关于春节的种种规矩，一方面教给后人方法，使得代代按此规矩办事，另一方面又使得人们心存敬畏，相信某一种来自冥冥中的力量，促使他们时时处处保持正道与克己守身。而河西走廊西段人们在大年初五上坟的习俗，则是一种对先祖的缅怀方式，意思是，我们活着，吃香的喝辣的，先祖走了，在清

冷而空旷的戈壁滩上沉睡，心里过意不去，趁着春节比较闲的时候，去给他们送点吃的用的花的，再表达一下后人对他们的思念和感恩。

这也是一种自觉感恩的方式。

有一年春节，我在成都过的，夜里，见到很多人在路边、巷子或者寺庙旁边，焚烧纸钱、冥币等，有上年纪的人还会哭出声，即便是年轻人，也一脸沉静和肃穆。我观察了一会儿，明白了他们的意思。当一个人进城之后，乡下的亲人在时间中逐一远去，这些人很想再回去，可是，家乡已经没有了亲人。如此做，大致是他们寄托哀思，同时也在遣发自己再无出处和来路的悲愁之情。我们都是大地上的人，与周遭的万物一样，都有自己的由始之地，当年浑然不觉，一旦亲人凋零，那种无处安放的空洞与悲伤，大致是一种无与伦比的灾难。

如此的境遇，大抵是在慢慢扩展的，我们都在其中。① 而春节，过年时候的团聚、和谐和各种规矩和讲究，其实是一种文化的仪式，它们琐碎，甚至有些神秘，但它们教给我们的，却是一种绵延不绝的高贵情感与思想行为意识。人类社会的发展，终究是以掠夺和减弱人的自主性为根本的，而人，又恰恰是情感与思想的产物。② 当机器可以代替人做一切事情的时候，人存在的最大的价值，就是基因的流传、思想的创造、情感的凝聚与复杂、多变。倘若没有了这些，人类的存在就失去了自身的价值。在这样的时代，我觉得传承已经没有了良莠之分，因为我们已经忘掉了

❶ 不管何地，不管春节有着怎样不同的习俗，它都是人们亲情寄托、情感交流和信仰力量的载体，是一种具有地域特色的文化仪式。呼应文章的题目。

❷ 后代的延续，文化的传承，思想的创造，情感的交流，是我们生而为人最基本也最可贵的东西，也是我们在高科技时代能保留的最本真的东西。

很多。春节大概是最隆重，也是最能体现民族文化和情感的节日了。愿我们每一个人，都能在这传统的仪式与氛围中感受亲人相聚的轻松与温暖，都能从血缘之中追溯和珍惜自己的来路和去处。愿天下平安，每个人都拥有一份感恩、和谐、向善之心，并且能够传之久远。

延伸思考

1. 作者在文章第 2 段提到"河西走廊乃至整个古代被称为边塞的地方，就有了一种复杂和丰富的文化意味"，结合文章内容分析原因。

_____

_____

2. 用文中的语言概括作者笔下的"南太行"得名的原因。

_____

_____

3. 作者一共介绍了几种春节的习俗？各有什么不同和意义？用自己的语言概括。

_____

_____

给杨锐的一封旧信

名师导读

　　这是一封质朴但饱含父爱的信，信中通过生活琐事塑造了一位有着拳拳爱子之心的慈父形象，也向我们刻画了一家人温馨和谐、岁月静好的生活画面。阅读文章，体会这份虽平凡但却异常美好的感情。

锐儿好：

　　五年前，对于成都，我们一家是初来者。尽管老爸比你和你妈妈早来一年，可出门还是不知道东西南北，往往把自己走丢。①记得你来的那一年春天，咱们父子两个还像在西北的巴丹吉林沙漠那样，不是你惹我，就是我惹你。两个人不像父子，倒像是兄弟。有一次，你妈妈出去了，咱们俩在家。下午了，我要你一起出去吃饭，你却不想去，还想玩游戏。老爸叫了你几次，你都不出门。老爸急了，上去关掉电脑，你哭，老爸更着急，在你屁股上打了好几巴掌。

① 简单的语言，表现出父子二人平等、和谐、温馨、自然的相处模式，这是一份难得的美好。

❶ 父母二人一严
一慈，说明父亲在
教育儿子方面懂得
如何进退，突出慈
父的形象。

❷ "我"对于与儿
子相处的时光记忆
犹新，足以看出这
些时光对一个父亲
来说有多么珍贵。

❸ 孩子快乐，父
母因为孩子的快乐
而快乐，画面温馨。

其实，咱们父子总是这样。你出生后，老爸就想，
我们是父子，但更要做兄弟。^①因为老爸知道，你妈
妈有教育你的能力。而你老爸我，在教育孩子方面能
力比较差，有你妈妈，爸爸不需要那么威严。可我们
两个之间还是经常发生冲突。亲人之间没有隔夜的仇，
转一个身，一切不快就都烟消云散了。那一次，我们
不愉快了一会儿，然后一起出去吃饭，从人民中路三
段到骡马市，我们父子在初来乍到的城市街道上，手
拉着手，一边说话一边走。那时候，老爸特别担心你
的安全。成都和巴丹吉林沙漠是两个地域，两种环境。
沙漠天高地阔，到处都是平的，而成都却是一个相对
繁华的都市，车辆多得让人觉不到大地的存在，楼宇
高不说，还特别密集，置身其中，总让人有些晕眩。

^②至今，我还特别想念那一次，以及后来很多次。
我们一家人，在成都的春熙路、天府广场、三圣花乡、
高新区等地玩或买东西，我和你总是跟在你妈妈的后
面，她在买东西的时候，我们就在一边看着。有一次，
我们一家，还有你的两个舅舅，一起去海洋公园和动
物园玩，你那时候还小，个子才与我肩膀齐平，又有
点瘦，有点黑。可是你玩得十分开心，毫无顾忌，甚
至对着老虎、豹子和狼模仿它们的叫声。^③爸爸和妈
妈看着你笑，觉得我们一家人在一起总是那么美好。

还有些夏天傍晚，你做完作业，老爸带你去文殊
院玩。那时候，游人散去了，整个文殊院都是安静的。
你喜欢蹲在放生池看鱼游泳，乌龟和蟾蜍蹲在假山根
部与石头混淆。那时候，僧侣们正在晚课，清心的诵

经声在逐渐发黑的天空和林木葱郁的佛家之地传扬。

几年过去了，我们一家都成了地道的成都人。每天陪你上学去，回家来，不知不觉，你的个子蓦然长高了。① 以前是你跟在老爸后面，现在是老爸跟在你的后面。儿子，我想说，你已经长大了，正因为如此，老爸想多陪陪你，在这座城市，老爸愿意时常走在你的后面，像你的孩子，尽管我的腰和背越来越弯了。

儿子，老爸之所以给你写这封信，是想对你说，老爸和妈妈想陪着你成长，在成都这座城市，以及你更广阔的舞台和世界。

❶ 父亲在一天天变老，儿子在一天天长大，但是父亲仍然想与儿子一起感受时光，愿意走在儿子的身后，做儿子的"孩子"，也做儿子的后盾。一个爱子情深的父亲形象跃然纸上。

延伸思考

1. 作者回忆了陪伴儿子成长过程中的哪些事？用自己的语言概括。

_____

_____

2. 如果你是文中的儿子，你想对父亲说些什么？把你想说的话写下来吧。

_____

_____

笑着来到这世界的人

名师导读 ▶

　　作者用细腻的笔墨描写了小儿子初来人世以及之后的日常生活细节，并时时将两个儿子生活的时代与日常细节进行对比，既突出了小儿子的到来给一家人带来的快乐，又体现了家人对大儿子的爱与牵挂。作者对孩子们及其生活细节的观察极为细致，饱含父爱，也对一家人的相遇始终怀着感恩的心态。

❶ 一个新生命的诞生意味着人生历程的开端，喜的是为人父母有了生命的延续，悲的是面对纷繁复杂的世界，未来充满了许多不确定的因素。

　　2020年4月是一个美好而又隆重的时刻，又有一个人来到了这个世界。生命是天地之间最大的奇迹。① 中午时分，我站在令众人焦急的产房门口，既高兴又犹豫。天下最好的事情就是迎接新生命，犹豫的是，新冠疫情肆虐全球，人类正在遭受厄难。在此时刻，一个新生命的加入，到底是悲是喜？很多的破坏和失衡，使得整个地球的命运充满了诸多的不确定。但我仍旧渴盼。毕竟，要来的终究要来，而且是自己的亲生骨肉，这对于每个为人父母的人来说，都是异常的幸福时刻。

出来一对母亲和子女，我睁大眼睛看，不是；又出来一对儿，还不是。几位新生儿，虽然都被包裹着，但神色稚嫩可爱，一双双的眼睛，波澜不惊或者煞有介事地看着他们刚刚降临的世界。我想，早在母腹之中，这些孩子肯定也通过母亲看到和感受到了这热气腾腾而又嘈杂、复杂的人间烟火。正在兀自思想，听到了妻子的名字，快步走到产房门口，门扉吱呀作响的时候，眼睛如聚光灯一般贴了上去。

妻子脸色有些惨白，大致是失血的缘故，但神情尚还安静，大致是麻药还在起作用，还没有感觉到腹部被刀子切开之后的疼痛。在她一边，躺着一个圆脸的婴儿，额头上还挂着一些没洗净的在子宫里的痕迹。^①他那双眼睛虽然不大，但看我的时候，忽然就有了一道丰盈的亮光，瞬即笑了。这令我惊异。我完全没有想到。我还记得，我的第一个儿子锐锐出生的时候，我也看到了，可他被护士抱着，掠过我身边，虽然也睁着眼睛，明澈地看着我，可他没有笑。而现在，我的第二个儿子来到人世，第一次看到我，居然自觉地笑了。

世上所有的相聚，都源于一种奇妙的机缘。试想，这世界上那么多人，偏偏我们和自己的父母、兄弟、姐妹成为一家人。芸芸众生，各在异地，夫妻和朋友

❶ 儿子刚出生时的笑容，对于一个父亲来说是多么大的惊喜与快乐。

何以在某些时刻和某个地方由陌生而熟稔，成为一生中最重要的人？这其中，一定有一种神异的力量在有条不紊地调配着这世间的一切。① 他的笑，一个新生儿的笑，这简直就是对我的最大褒奖，当然还有认可、亲近和爱。他从母腹出来，可能还没有看到母亲，只是看到了医生和护士，进而在产房门口看到了我，父子俩在这世上相互之间第一眼，就电光石火、心神相通了。我还没有来得及咧开嘴巴，他就用那种初来人世的童真、懵懂，为我开出了微笑的花朵。这可能是冥冥中的力量，是血缘在流传过程中的一种奇妙反应。他的笑，是对我的最大的奖赏、安慰与鼓舞。

❶ 对作者来说，初临人世的儿子对他的笑，是父子之间血脉相连的神奇反应，是与生俱来的亲近与熟悉，是爱和血缘将他们联系在了一起。

我握了握妻子的手，看着她，向她笑笑，似乎还摸了一下她的额头，然后从护士手中接过推床，上电梯，和岳母一起把妻子和儿子送回到病房。这时候，那小子还在笑。安顿好妻子，我抱着他，他睁开眼睛看看我，咧着嘴，整个小脸上都洋溢着灿烂的笑意。我用手机拍了好多照片，也对妻子和岳母说，我从没见过一出生就笑的孩子，而且笑得这么真诚，甚至有些成熟。

② 从他冲我笑的神情来看，我觉得这个新生儿似乎早就知道了什么，就像是一个幼稚的智者，一副胸有成竹、一切本该如此、凡事如此最好、不用惊奇的样子。

❷ 儿子的笑其实是无意识的，作者都把儿子想象成一个幼稚的智者，一切胸有成竹、云淡风轻，这是作者的一种美好期望。

我电话给远在南太行乡村的母亲报喜。她七十多岁了，听到这个消息，自然很高兴。对于母亲那一代人，家里再添人口，是祖上积德，是世上最好的事情了。

给她视频的时候，她笑得合不拢嘴，说咱家又添人了！我给她说，这孩子，一看到我就笑。母亲很高兴，问我给这孩子起的啥名字。我说，小名叫可可，大名就叫杨芮灼吧。母亲笑着叫"可可"。他似乎听懂了似的，睁开眼睛，看了看我的手机屏幕。

这可能也是一种来自血脉和灵魂的呼应。直到傍晚，他也没有哭一声，躺在她妈妈身边，吃奶，看着我们和其他人笑。<u>①他的这种表现，令我感受到了生命的美好，感受到了人天性中的善意。这肯定是一种美德，而且与生俱来、不可磨灭。</u>尽管，每个人都要成长，然后在这个人世间穿梭，以个体的加形式参与到更多的社会生活当中。可是，始终对人对事对物拥有一种微小的面庞和心态，我觉得最基本的，也是最了不起的。

当天夜里，他也没有哭，睁着眼睛打望，但没有表现出更多的惊奇。只是，他母亲的刀口处开始疼了。他觉不到，我更觉不到。疼痛与愉悦，都是人类最私密的体验，不可僭越，无可替代。唯有他人发自内心的善意，不仅可以令人迅速感受到，也会使得整个人的身心甚至灵魂，都能感到温暖。

转到月子中心。尽管我有了一个儿子，现在也读大学一年级了。当年，我也曾经尽心伺候过月子，二十年过去了，那种记忆也逐渐模糊了。我的大儿子锐锐出生的时候，正是二十一世纪之初，他在成长过程中感受到的世界，特别是社会思潮、生活方式和各

① 新生儿纯净的笑容，是世界上最纯真、最干净、最美好的，是人性中最治愈的真善美，甚至可以洗涤一切污浊和恶。

种工具方面的迭代与变迁，与我成长的那个年代截然不同。二十世纪八十年中期之前出生的人，基本上还属于农耕时代，甚至可以毫不避讳地称之为"农耕文明的遗腹子"，之后出生和成长的人肯定属于信息时代，特别是现代社会的"弄潮儿"。前者对社会和人类一切科技进步的感受是渐进式的，有一个逐步明了和学习的过程，后者则一步到位，完全没有疏离感。

月子中心的好处是，使得新生儿的适应有一个较为规范的过程，还可以使得产妇得到较好的休养和照顾。但从中也可以看出，越来越舒适，特别是高度依赖工具，使得人类的健康和心理等方面也越来越脆弱。此时的可可，还是经常笑，抱他的时候，他就笑，有时候嘿嘿出声，整个小身子都一颤一颤的。[①] 他的身体异常柔软，好像一团刚刚裂开的棉花，轻柔若祥云，细嫩如蛋清。这使我想起《道德经》里的一句话："柔弱者生之徒。"所有柔软的事物，其力量是最强大的。新生儿的柔软，既是一个无上的哲学原理，也是一个适合于所有人事物的基本规律。

他像成人一样吃喝拉撒。只是，他哥哥锐锐如他这般小的时候，好像还没有纸尿裤之类的替代品，多数是棉布做的垫子。他拉了、尿了，都要换洗。纸尿裤使得我免了为他搓洗屎尿的辛苦。可我也觉得，为大儿子洗屎尿布垫，尽管手掌脱皮，但也没有嫌脏，反而有一种幸福感。人的深层需求包含了被需要。而现在，纸尿裤使得我没有了为可可一遍遍、一次次搓

❶ 连用三个比喻，形象地写出儿子身体的柔软，富有表现力。

洗屎尿垫子的机会。这看起来幸运，其实也有些不合理的成分在内。①父子之间，其实是一种传承的关系，不仅是血肉之身和精神灵魂，还有一种文化上的塑造、流传和因袭。我在小的时候，父母也肯定如此这般，为我搓洗屎尿布的。而且，那时候大都是粗布或者破衣裳剪成的碎布。

可可的笑成了我们家最美的一道景观，而且他的笑也越来越响亮。有时候，我把他放在腿上，左右摇动，他咯咯笑；有时候抚摸他的脊背，他也咯咯笑。我最喜欢的是，抱着他睡觉的时候，他一会儿翻身，一会儿东倒西歪，但他的身体始终有意识地贴着我和他妈妈。这种吸引大致来自对安全感的需要，可这种需求，仅仅限于亲人和亲人之间。我推着他在小区里走，他可能不高兴，小嘴一撇，也不哭出声，脸朝向推车最隐秘的一侧。那一刻，他一脸的委屈，作势要哭的样子，令我心疼不已。

②我还发现，每当走过小区一段树阴的时候，他就会哇哇大哭，往怀里钻。他一定看到了什么，或者感觉到了什么。这种表现，我们小的时候，可能都有过。

因为岳父和岳母尽心，可可的成长是多人呵护的，他也乐意享受这些。姥姥和姥爷几乎每天都要带着他去商场的儿童中心玩，他在里面也不安分，但遇到害怕的也会主动规避。对于新鲜的玩具等，他害怕也要伸出小手指，试探性地点一下，或者摸一下，速度之快也是出人意料。

❶ 父子关系其实不局限于肉体的血脉相连，更是一种责任与传承，父亲照顾子女，子女孝敬父母，自古袭之。

❷ 为人父观察之细致，更体现出对儿子爱之深切。

我喜欢抱着他走路，他东张西望，一会儿指着汽车哇哇叫，一会儿看着其他的孩子眨着眼睛，一副若有所思的神情。他很喜欢出去玩，尤其喜欢水，洗澡是他最喜欢，也最配合的事情。我每天下班回来，看到他，抱抱他，他咯咯地笑个不停，有时候也和我发脾气，挣脱我的怀抱。我咳嗽的时候，他笑得止不住；打个喷嚏，他就会四处寻找声音来源，也笑得满脸灿烂。

夜里，我都喜欢抱着他睡，挨着他的小身体，我觉得有一种说不出的妥协和舒心。因为可可，我觉得自己的心态也逐渐改变了，总是以为自己才二十多岁，就像当年刚刚成年或者结婚成家时候那样。① 在这个世界上，唯有人可以安慰人，也唯有人才是根本。不论在任何情况和环境中，人始终只能依靠人，这是宿命。我也时常觉得，锐锐和可可便是我此生的幸运，也是我们家祖上和从此往后的所有血脉传承的幸运。

他的哥哥生于 2002 年，18 年后，他出生，单从数字上说，就有些神奇的意味。② 我始终相信，人在这个世界上，根本不存在什么无缘无故的相遇，成为一家人更是充满了玄妙与偶然。这种机缘，我相信是天地恩德，也是我们家每一个人感恩的结果。每当我抱着可可的时候，心里就会如此这般想，他在笑，我也笑。他的笑声，是我迄今为止，唯一的从一个人的脸上获得的善意。我也始终坚信，凡是笑着来到我面前的人，必定是和我内心有呼应的那个人，因为此生有幸，也因为爱和慈悲。

① 在复杂的社会生活中，小小的生命带给人快乐，也因为有孩子的存在使得大人在工作之余有了寄托和慰藉。

② 作者怀着感恩的心态来看待一家人的相遇，更突出了对这份亲情的珍惜。

延伸思考

1. 从修辞和炼字的角度赏析"眼睛如聚光灯一般贴了上去"一句的表达效果。

_____

_____

2. 文章在写小儿子出生后的生活日常时，经常想到大儿子锐锐小时候的情形，这样写有何作用。

_____

_____

3. 分析文章尾段最后一句的作用。

_____

_____

烟火灿烂，春节洗心

　　总有一段经历让人铭心刻骨，总有一种喜好让人至今延续。春节燃放鞭炮，对于作者来说已经成了一种习惯，一种仪式，在亲情中淘洗一年的劳累与惶恐，于家族之间体验放下戒备的其乐融融，让心灵回归安宁，回归亲情，回归纯净。你有过作者这样的经历和体验吗？

❶ 比喻的修辞，形象地告诉读者天气之冷，尽管如此，"我"依旧早早起床点鞭炮，凸显出"我"对春节习俗的重视。

　　① 窗外静寂无声，万物静默。这是至冷之时。伸出手，冷在咬胳膊，如同万千只冰蚂蚁在集体啃噬。尽管如此，我还是很快穿好衣服和鞋子，拿了一支早就拆开的花炮，用火柴小心点着，然后迅速丢在门口。只听嘣的一声，仿佛黑夜被炸开了一样，眼前的事物都焕发出一种新的吉祥的光辉。

　　这是南太行乡村的一个风俗，即，大年初一凌晨人人起早，谁家起得早，说明来年谁家的好日子走在他人前面。老人们说，凌晨三四点钟，正是诸多的夜间动物归位和回巢的时刻。它们属于另一个世界，一般不和人发生任何交集。人也不可以和它们迎面相撞。①早上起来，先在门口燃放一支花炮，一方面可以驱走邪魅；另一方面也是一个有声的通告。人畜两安，人和神鬼各归其位，这是天地的秩序，人间和灵间的伦理。

②打开门，仿佛凝固了的寒冷迅速缠身，似乎几秒钟之内，先前在被窝温热的手掌就被冻得麻木了，进而发疼。弟弟不喜欢燃放鞭炮，我则每年春节最喜欢的就是大年初一凌晨早早起来燃放各种花炮。幼年时，花炮还没有这么多的花样，即使有，我们家也极少买。父母亲总以为这是浪费，把钱花掉都听了响声，实在划不来。因此，每年春节前几天，我都在和母亲作斗争，软磨硬泡地要她多给我几块钱，多买点儿花炮。

院子里有一些石头，是天然的燃放二踢脚的平台。二踢脚是诸多花炮中威力最大，腾得最高的。一般不敢用手抓，有胆大的，则时常把二踢脚放在大拇指和食指之间，一手用烟头点着，只听嗵的一声，二踢脚下半部分先落在地上，再把另一截弹射到至少二十米以上的高空，然后再一声爆炸。

我们南太行的村子，大都在山里，二踢脚凌空炸响，辐射面极广，一下子就震醒了周边的邻居和其他村子的人。可有些二踢脚质量不过关，时常听到有人不小心崩了手，有些还终身残疾了。实在是叫人心疼。

❶ 南太行家乡的春节传统习俗，虽带有迷信色彩，但也体现出人们追求美好生活的愿望。

❷ 带有夸张色彩的描写，突出了春节的天寒地冻。

我天生胆大，也很胆小。特别喜欢燃放鞭炮，但又不会去冒险。爷爷总是用"天道忌满""小心驶得万年船"之类的古话来教育我。我也知道，二踢脚这样的巨型花炮，对人的危险系数比较大。春节是吉祥的时刻，千万不可忘乎所以，导致不好的事情发生。为此，每次燃放二踢脚的时候，我就把它蹲在平整的石面上，用一根火旺的木柴棍，蹲下来点燃，看着炮捻子突突燃着，赶紧起身躲在一边。

凌晨四点钟，村人大都起来了，各家各户的灯笼在漆黑的黎明的山野之间照耀，整体看像一座深山里的宫殿，近看，则有些聊斋的意味。① 与此同时，鞭炮声大作，从这家院子到那家院子，这个村子到另一个村子，鞭炮声经由大小不一的沟谷和山坡，一波波地轰响、跌宕和传续。有几家家境不错的，相互之间比着赛燃放花炮，你放一挂五百响的我就放一挂一千响的。更甚者，还买了各种好看的礼花，用璀璨的花朵，破开夜空，于村庄以上的虚空炸响和裂开，无数的礼花绽放又瞬间熄灭。

人生或许也如此，在乡村，人们真正作为节日的，唯有春节。其他的时间，不是农忙就是在外做些什么，用来糊口和提高生活质量。② 春节也像极了生命，所有的庆典都是有限的也是有数的。唯有漫长的生存和活着需要磨难和全神贯注。

天色微明，鞭炮声渐渐停了下来，只有孩子们零星的鞭炮声流星一样炸响。我还小的时候，人们还敬

① 变无形的声音为有形，形象地写出春节家家户户燃放鞭炮的盛况。

② 只有在春节才能放松自己，平时都在为生活忙碌。作者由此思考到了生命，鲜花和掌声都是偶尔和暂时的，人的一生都在为了生活而不断奔波奋斗。

奉各种本土的神灵，如天帝、灶王爷、山神、土地，以及自己的列祖列宗。如爷爷奶奶，他们家的炕头右侧，专门设有祖宗的灵位。春节时候，要点上蜡烛和柏香，还要供上水果和饺子等。现在的人们，似乎省略了很多。很多人皈依了基督教天主教，不再对本土的神灵恭敬，以为上帝是唯一的真神。

①饺子煮好之后，要先送一些给自己的爹娘尝尝，然后自己吃。南太行乡村有大年初一不走亲戚的传统，哪怕是姥姥姥爷和舅舅姑姑等近亲，也要等到初二之后才走动。一家人吃了饺子，便带着孩子们，一家一家地给长辈拜年。二十世纪九十年代初期，长辈不会给孩子们压岁钱之类的，孩子们也不会哭着要，最喜欢的还是各种花炮。每年春节，家家户户都买一些很小的红鞭炮，谁家孩子来了，给上一挂。至于糖和瓜子之类的，孩子们大都不要。要是谁家没给来拜年的孩子们鞭炮，孩子们会不高兴。我小时候也是如此。爷爷奶奶早就准备好了，我和弟弟跟着父亲给他们磕头拜年之后，奶奶就拿出鞭炮给我们。

我们全村一百多人，几十户，按照辈分大小依次拜年，天亮时候，基本上都走遍了。大人们坐在一起喝酒抽烟，说一些无关紧要的话，吉利和祝福的最多。孩子们则在家里数自己挣了多少挂鞭炮，然后串接起来，放在院子里点燃，任凭噼噼啪啪的响声接天连地，响彻云霄，随之便高兴地蹦来蹦去。要是下了雪，就把二踢脚和大的花炮放在雪里，看花炮炸雪的一团云

❶ 过年吃饺子的习俗，体现了家乡尊老敬老、不忘根本的传统美德。

雾与雪粒分溅。还有的，干脆放在树杈上，让花炮把小树杈炸开。最好玩的，是把花炮丢在废弃的铁水桶里，声音大，余音嗡嗡，好像敲大鼓。

❶ 长大后很多乐趣丢失了，但过年放鞭炮的喜好还在，足以说明我对过年放鞭炮习俗的情有独钟。

① 长大是诸多乐趣的丢失。但在巴丹吉林沙漠那些年，戈壁空旷，过春节时候仍旧可以燃放花炮。每年我都会买一些花炮，跟儿子锐锐一起燃放。他也很喜欢，放炮的时候总是咯咯笑。有一年我带他回南太行乡村老家过春节，大年初一早上，我和弟弟，带着各自的孩子们，一起去给村里的长辈磕头拜年。村里的老人们给孩子们很多花炮。回来后，儿子伙同弟弟的儿子讷博等，把花炮连接在一起，足有二十米长，然后就着初升的太阳，在院子外的水泥路上一次性点燃，噼噼啪啪的花炮炸响四野，连后山的野猪都惊惶乱窜。

少小年代的喜好与趣味可能会一生伴随，去年在甘肃，我们也买了很多花炮，在巨冷的天地之间燃放，那种快乐，单纯而又饱满，短暂而又持久。每年回乡村过春节，陪伴亲人的同时，最好的娱乐活动就是燃放鞭炮了。这些年，每次回乡，除了花炮之外，我还会买一些礼花，在大年初一漆黑的凌晨时分点燃，看着一朵朵的火花冲天而起，在空中炸开美丽的花朵，尽管短暂和虚幻，但瞬间的快乐为整个春节营造了祥和的氛围。古人发明烟花花炮之类的，是一个创举，尽管其中夹杂了很多的传说，但驱邪迎吉，庆祝血缘族亲的团聚，祈愿美好、和睦与喜庆，当是更重要的内容。

　①春节对于中华民族，是一年一度亲人团聚的最为欢乐祥和的时刻，我们每个人沉浸其中，不仅是与所亲所在的人团聚，共话年景，也正是洗心之时。无论是谁，万物皆有来处和归处。慎终追远是一方面，而在乎和善待生者，更是实在的美德和传统。我想，古人设立春节这样的节日，其目的大抵如此。无论天涯游子，还是隔墙邻居，众生芸芸，而各有其所属。一个人的一生，所爱所亲的人，说到底也只有父母、兄弟姐妹及少许近亲而已。

　　在亲情中淘洗一年的劳累与惶恐，于家族之间体验放下戒备的其乐融融，当是一种最美好的休闲与拉近亲人关系的时机了。尤其在当下这个人情渐渐稀薄，人越来越自私和无道的年代。

　　据说，在古老的年代，花炮是不仅可以用来驱瘟神的，也可以消杀病毒，同时不失为一种较好的庆祝方式。至于现在人们强调的花炮引起的空气污染和光污染，当下城市的各种灯饰与噪声，显然是超过烟花爆竹之强度的。

　　2021 年，因为疫情而没能回到乡村，心里总觉得遗憾。②大年三十深夜做梦，竟然梦到自己又回到了故乡，像个孩子那样，在暗黑的黎明中燃放了很多的烟花，巨大的声音如雷滚动，传遍了群峰连绵的大地山川与沃野荒原。

❶ 点题。"洗心"，是让心灵在春节这个传统节日回归安宁，回归亲情，回归纯净。

❷ 疫情阻止了作者回家的脚步，却阻止不了作者对家乡的思念。春节燃放鞭炮在一定意义上已经成了一种仪式，寄托着作者对过去日子的怀念、对家乡的深厚情感。

延伸思考

1. 画直线的句子，介绍了儿时春节放鞭炮的几种玩法？表达了作者怎样的情感？

_____

_____

2. 作者在记叙燃放二踢脚、鞭炮时，写道"我天生胆大，也很胆小"，是否矛盾？试作分析。

_____

_____

3. 文章题目"烟火灿烂，春节洗心"，如何理解"洗心"的含义？

_____

_____

第四辑
行与思：
大地上的旅程

　　傍晚时候上山，曲折蜿蜒，从低处到高处，尽管有车子，但还是觉得，这样一种攀升的姿势，是人类由来已久的，也像极了某种精神的塑造过程。迎面不断有卡车、摩托车和越野车无声而来，我觉得了某种危险性。但仔细想想，人的每一天，在每一个场景中，危险无处不在，体现了生命的脆弱性与命运的无常。

【2022 黑龙江大庆高一上学期期末卷】
阅读下面的文字，完成下面小题。（13分）

黄土大梦（节选）

①一个从未来过的人，在火车上睁开眼睛，一色的黄——黄出了叠加与层次，满眼的黄——黄得深入和彻底，整个世界，乃至内心和灵魂，都被这黄贯穿、俘虏了。

②陕北的黄，是集中的黄，悲愤的黄，绝望的黄，生存的黄，战争的黄，沉默的黄，飞奔的黄，苍天的黄，大黄的黄，黄天的黄，黄种人的黄，黄帝的黄，黄河的黄。黄得层层叠叠，上下齐黄。黄得丰润，里外冒浆。越是接近，步步河山之间，耳边似乎有连绵的涛声传来，先是汹涌澎湃，雷声轰隆，渐而静默无声，宛若处子。

③扑面而来的是浓郁的土腥味，尽管是五月，干裂的灰尘及其强大的气息依旧明显，看不见的虫子一样蜂拥，呼吸也有些阻隔。慢慢也觉得身体开始发脆，毛囊开始收缩。当然，其中还有一些水汽，很甜，但很硬，有些滋润，也有些粗糙。我知道，这黄土的大地，

宛若一个浑圆的大梦，每个进入其中的人，只有在绝境之中，方才会面对苍穹群星，参悟到人生乃至整个人类的秘密，继而校准方向，一击而中。

④乘坐出租车穿城而过的时候，我惊异地发现，尽管时代的发展使得整个中国都高楼林立，机车奔走，人们的衣饰乃至居住的房屋也都流光溢彩，俨然当代世界的模样和姿态，但黄土依旧是最本真和显赫的存在，是一种无声的笼罩、反射和涂抹。这种来自大地最本真的色彩，以及干结的块垒，可以硬如铁石，又可以软成血液的黄土，累累山川，道道塬梁，其中充盈和鼓荡着的，仍旧是古老的颜色及其最深刻的呈现、隐喻和担当。

⑤清凉山、宝塔山、王家坪、兰家坪，无处不高耸，无处不圣地，这里的一草一木，甚至不断流散的空气和云霓，也都与近代和当代的中国有着深刻联系。其中的宝塔山，令我想起一个人，他被誉为八百年以来第一完人，也是诗人、政治家和军事家——范仲淹。据说，那白色的高塔颇有神奇之处，建于唐代，其中供奉有舍利子。公元1041年左右，范仲淹奉命驻守延州，与契丹和金国作战。他在延州，时短而效长。一个人克己守正、奋发有为的能量，在传统的帝国之中，无疑是巨大而且积极的。

⑥由范仲淹提拔和倚重的种世衡及其兄弟、儿子们，在延安之于西夏的阻击和防守，特别是种世衡的反间计，使得李元昊损失了他的得力战将野利刚浪棱、野利遇乞两兄弟。种世衡构筑的青涧城，即今延安古宽城，有效地阻挡了契丹和西夏人的铁骑。特别是他对于羌人的信义与诚恳，使得他在异族当中，也享有崇高的威信。

⑦范仲淹和他的部将种世衡，堪称古代边关防御和经略之中的典范。特别是种世衡，其世代忠诚，对属下之关心和爱护，可谓感天动地。史书记载，凡有士卒伤病者，种世衡或是其弟种世材，再

或是其儿子总会亲自慰问，安排食宿和疗治方剂。使得属下将士为之甘效死命，这种强大的凝聚力，使得"种家军"也名震一时。种世衡膝下八个儿子，皆为当世之才俊。其后人种师道更是声名远播。

⑧历史的一个铁律是，凡是兴盛的朝代，主要是其当政者与辅政者通力合作、上下一致的结果，同时更是辅政者的人品和修养达到了"天下为公""达则兼济天下"的境界，才可以实现的。反之，朝代的衰败，也是人的道德修养乃至"私心公行"的问题。面对范公曾经镇守之地，我的内心涌现的景仰与热爱，竟然使得自己有些荣耀的感觉。

⑨这种感觉，大致是与古圣人之心相通的。至于我，不过是先贤大师的子孙，之所以能够在一些地方和时刻，觉察到他们的那种宏大心迹，当然是血脉、文化、精神和灵魂等层面的诸多因素。

⑩这两山夹一河一城的陕北重镇，简短地浏览和穿越，我的内心当中就被突然充盈了，也突然变得蓬勃，还有一些激越与悲怆。气候和地理环境是可以改变人的，尤其是像陕北这样的具有鲜明地理特征和独特气候的地方，数千年以来的文化形成与精神勾勒，黄风的塑造和黄土的雕刻，多旱少雨，泥泞中的跋涉与岿梁沟坎，窑洞中的人间炊烟与生儿育女，风尘中的粗新和细腻，让我觉得了一种前所未有的浑厚、笨拙与张扬，以及隐忍的冲撞、礼节的触发与抗击……诸如此类。

⑪陕北，这一片自然和人的地域，历史与现代的叠加和勾勒，引领着每一个进入其中并且在这里觉悟的人。

（有删改）

1. 下列对本文艺术特色的分析鉴赏，不正确的一项是（　　）（3分）

A. 文章开头部分主要从视觉的角度对陕北的黄土进行描写，意在表现陕北的"黄"给作者内心带来的强烈冲击。

B. 文章由宝塔山联想到范仲淹，由此引入范仲淹等人在黄土地上抗击敌人的事，丰富了文章的内容，也深化了文章的主旨。

C. 文章运用对比的手法点出流光溢彩的世界与不事雕琢的陕北的显著差异，表达了作者对现代文明的反感和批判。

D. 文章行文思维严密，如交代作者觉察到前贤的心迹，是血脉、文化、精神和灵魂等层面的因素作用的结果。

2. 文中提到："我的内心当中就被突然充盈了，也突然变得蓬勃，还有一些激越与悲怆。"作者为什么会产生这么复杂的感情？请结合全文，从总体上作简要分析。（5分）

_____

_____

_____

_____

3. 梁衡在《山水为何有美感》中写道："在散文写作上就是美的三个层次：描写美、意境美、哲理美。"本文是如何体现这三个层次的？请结合本文加以分析。（5分）

_____

_____

_____

_____

在空中，在高处

　　乘坐飞机是一件很平常的事，但作者却有与众不同的体验与感悟，甚至产生了具有哲学意义的思考。阅读文章，体会作者在空中、在高处的所见、所思、所想。

❶ 对儿子的动作描写，形象生动地写出了飞机向上时儿子的兴奋之情。

　　飞机向上，肉体向上，一种平素不可企及的高度在身下节节攀升。① 我们 1 岁 6 个月的儿子站在他母亲的膝盖上，脸贴小小窗户，用一耸一耸的跳跃，来表达他的新鲜的兴奋的感觉。他也在向下看：我熟稔的戈壁、大漠、雪山、河流、山脉、城市、村镇，阔大的机场寥寥无人，候机楼、塔台、指挥所、办公楼、楼房等，那些曾经在平地令我仰视的高大事物，它们正在缩小、微渺和远离。

此刻，飞机的姿势一定笨拙、缓慢，但却又自由、舒展，充满方向感。我有很多次在下面，在远处看到它：扶摇直上的大鸟，插入虚空的锐器，那一种连贯的动作中，带着勇猛而又不可猜测的意味。那时候，我常常想：一堆钢铁，以及附属（尽管是端坐）于它的一群人，在空中、在高处，他们该是怎样的一种状态和心情？

①人是大地的产物，这个属性从古至今都不曾改变，尽管现在的航天航空科技已经逐渐地打开了神秘的宇宙，颠覆了诸多既有的，甚至根深蒂固、确凿无疑的惯性理解和科学探索。可是，无论去太空多远多久，人的肉身和灵魂落点，还是在地球的表面。

我也时常想，乘坐飞机是一种奇妙的感觉。第一次，都是兴奋，甚至觉得荣耀。尽管全球化浪潮席卷，但相对于大地的芸芸众生，有条件和有必要乘坐飞机的人，毕竟还是少数。对于那些经常空中来去的人们，乘坐飞机，离开大地，在虚空中的过程，可能见怪不怪，不足为奇了。然而，实在地说，我相信，无论他们坐了多少次的飞机，飞行了多少公里，但每次乘坐，在内心深处，肯定还是有一些隐隐的恐惧与担忧的吧。

通常情况是，他们就此离开，数个小时之后，再度回来或落在其他一个地方。②关于这一切，作为个人是不可预知的。此刻，我只看见远处的戈壁，苍茫得令人心声渺茫，还有浩大的巴丹吉林沙漠，大地如何厚重，又如此轻飘，乘坐钢铁机器上升的人，身下的大地有一种快速下落的感觉——距离产生了：大地、

❶ 无论科技有多发达，社会有多进步，无论人身处宇宙任何地方，最终的归宿都是地球，是大地，这是人类的根。

❷ 坐飞机从一个地方飞到另外一个地方时，中间的飞行过程会遇到什么是不可预料的，只能看见眼前的景物，并由此产生渺小、无根感。

空中、尘世。天堂……这些明亮的词汇，像是某一些闪烁的背影，在我的内心接连显现，但却越来越模糊。

这种感觉很奇怪。由此，我也想到，人心更加奇怪，对于熟悉的，甚至依赖不止的事物，尽管我们从没想到过要离开和失去，甚至从心里觉得它们和他们的不可或缺，特别是对个人心灵和精神支撑的重要性，但事物一旦发生变化，那些便都会大相径庭，甚至得不到我们的一丝留恋。

在瞬间的仰斜之后，飞机逐渐平稳下来，座中的男女停止翻检行包，在各自的座位上显得安静若虚。但我无从得知他们的内心活动，诸如去往北京的目的，以及心里所想，要见的人，要办的事情，归程日期，等等。就像他们不知道我们一家去往京都再去往何地一样。

①我将额头贴近舷窗，俯视大地，那里是城市、山峰、江河、村镇，还有沙漠、雪山和草原，只觉得，身下的苍茫似乎是一张轻薄的纱布，包扎和遮掩着天空与大地的距离。我知道，这种距离其实也是肉体与灵魂、现实与梦想的距离。此刻，我在它们中间，在这个过程当中，我的方向绝对是大众的，但也是唯一的；是虚无的，也是坚硬的。我只是一个顺从者，一个安坐着、需要并期望早些到达目的地的人。

身下的事物显然微不足道。但大地永远是坚实的、沉默的和包容的，对于飞行于它们之上的物体，它们无动于衷、无所谓看到，也无所谓看不到，但人类及其周边的所有生命，都必须在它之上，哪怕是灵魂和骨殖。②直立的山峰姿势伟岸，它们看待飞机的样子

① 作者把渐行渐远的飞机下的苍茫，比作轻薄的纱布，比喻形象新颖；把大地与天空的距离比喻为肉体和灵魂、现实与梦想的距离，想象丰富。

② 拟人的修辞手法，形象生动地写出飞机在山峰眼里的情态，有一种崇敬又有一种鄙夷和不屑的复杂情感，想象丰富，富有表现力。

像是仰望，又像是轻蔑。

俯瞰的大地像是一张阔大的纸张：群山的标点，河流的纹路，人群，车辆，所有移动的事物，都是蚂蚁、甲虫、沙砾的模样。而一个小时之前，我还在它们的中间和下面，仰望和弯腰，亲近和疏远，伤害和抚摸。这是多么奇妙的一个过程或者说状态。

人类发明飞行器，绝对是对上天的一种威胁，也是对天堂的冒犯式的探险。

好在，人总是无法接近上天和天堂，不是飞机太沉重了，而是肉身和精神还不具备与上天同在的灵性与慈悲的力量。像很多同行者一样，从这里再到那里，我们必将落下，再次融入大地人间的那些尘埃、油烟，包括疼痛和温暖。①因此，所有的逃离都是暂时的，长时间地陷入才是人生必修功课。

在空中，我们可以看到更远，但却无法站得更高。

有时候我也觉得，飞行的高度，对于人来说，有些虚假的意味，还带有僵硬、脆弱和恐惧、不安等情绪。

儿子一刻不停，他小小的身子在他母亲的膝盖和前胸扭动着，抓着饮料和食品，机舱的烤漆和玻璃，也会看见下面的、飞速变换的大地上的事物，也会看见不怎么显眼的人和人群。

儿子也许并不知道自己所在的位置对他来说前所未有的高度。此时，这种高度只是给了他一种视觉和心理上的新奇与兴奋的感觉。他懵懂的高兴令我们觉得快乐，而他莽撞地不停跳跃，却令我们担心。我们知道，高度本身就潜藏着危险。

❶ 作者其实是在告诉我们，无论何事，所有的逃避都是暂时的，能长时间陷入而坦然面对才是最难得的。

❶ 作者感叹乘坐
飞机离开大地飞向
高空的无依、无措
和无根，让人没有
安全感。

❷ 把"苍灰色的
机翼"比作"大鸟
的翅膀"，形象贴
切；"犁开"一词
用得极富表现力，
有一种飞机穿透云
彩飞行的动感。

我闭上眼睛。① 这时候，肉体和生命并不属于个人，
一堆钢铁的引领，本质上类似一种没有任何承诺的托
付和交给。想到这里，我伊始因为乘坐飞机而产生的
某种快感或确切说是虚荣，一下子变得不堪一击，脆
弱异常。对于飞机来说，它所提供给我们的，只是一
种速度和距离。它是承载和到达、飞行和降落。而人，
却要在其中产生更多的感受和体验，当然包括突然的
颠簸与某种不稳定，还有忍不住的胡思乱想。

每当心神惶恐时候，我就俯瞰大地，辽阔而崎岖
的自然人文，阔大、苍灰、沉郁、安静，承载着最凌
厉的时间，繁杂的生物和事物，乃至更多的生命，以
及人类所有的美德与罪恶，还有苦难和幸福。

② 我看到苍灰色的机翼，像一只大鸟的翅膀，缓慢、
庞大、锋利，犁开镶黑边的白色云彩，持续飞行在一
种澄明的境界。

在空中，在高处，飞机翻耘、冲撞、绕行、斜飞，
始终保持着一种尖锐和温和的英雄风度。我突然想，
所谓的云彩就是天空的泥土，路过其上的人，也只是
偶尔飘过的一粒微尘……我们只是路过，却不可以种
植和生长。

天空乃至更多的太空，尽管虚无、遥远、神秘，
充满诡异的物质和力量，但向上的行为，总是令人倍
感鼓舞和肃然起敬。这时候，我不由想起众人传说的
上帝，想到凌空自由飞行的神灵和天使。窗外的云彩
不动，看不见的大风被飞机切开。我们向前，在空中，
在高度，我们只看到了自己和身边的有形事物，上帝、

神灵，无所不在又无迹可寻。

阳光透过舷窗，崭新、丰满、辉煌，有天堂的感觉。我指给正在喝饮料的儿子，他的眼睛似乎也有点儿异样，他看到了，他一定也感觉新鲜，但不知他心里在想些什么。① 到河北境内，我一眼就看到了黄河与太行山、燕山，那些在大地上高耸和蜿蜒的巨龙，日光下坦荡而又曲折的山峦，村庄临近的河流，烟囱高耸的城市……整个大地承受日光，明亮而又生动。

② 我的故乡就在太行山中，现在，它就在我的俯视之下，我想一眼找到它，像鸟儿找到它曾经栖身的巢穴……可我是徒劳的，大地上的村庄何其多，我出生的那座，散落其中的小，总是令我感到莫名的自卑与懦弱。

是的，大地上的一切，似乎重复的太多，也很容易混淆，譬如莽苍的山野和大地，城市和村庄。

不知不觉，北京就要到了，我看到了这一个阔大城市的外围，以及它连通四面八方的铁路和公路，还有越来越密集的楼宇、街道。阳光隐没，淡灰色的黄昏土雾一样弥散和升起，它正在进入城市的内部，进入生命本体。

③ 偌大的灯火之地，连绵若海，飞机下降，我感觉它像一只无力飞行的大鸟，向着黝黑的大地骤然扑落。我听见了它的尖叫、摩擦和颤抖音。

当我们走下来，站在水泥的机场上，蓦然觉得，原先沉重的肉体，羽毛一样发虚。我忽然想道：在空中，在高处，尽管什么都不存在，但我们路过之后，总要

❶ 飞机飞过家乡的天空，作者用细腻的笔触描绘了飞机下蜿蜒的河流与山脉，内心不由得升起一种亲切与爱恋，表达了作者对家乡的特殊情感。

❷ 比喻的修辞手法，形象地表现出"我"想一眼找到故乡的心情，对故乡的爱恋跃然纸上。

❸ 作者的语言极富表现力，"连绵若海"写出了俯视城市灯火辉煌的情景；"像一只无力飞行的大鸟"再现了飞机降落时的感觉，给人想象的空间。

留下一些什么，任它们在空中，在高处，自行拆解和消失，或者被其他事物暗中收留和纳入。^①重返大地的瞬间，我竟然有一种极强的疲惫感，同时，也觉得了一种安妥与熨贴。站在车流渐少的大街上，我仰首看了看黑黑的天空，想起来时的道路，心里一片混沌，感觉很隆重和神奇，也很庸常和轻盈。

① 当作者重返大地时，心中各种滋味油然而生，虚无之后的脚踏实地，让人无比心安与慰藉。

延伸思考

1. 读文中画线的句子，请你用学过的诗句来形容。

2. 文章结尾写道："站在车流渐少的大街上，我仰首看了看黑黑的天空，想起来时的道路，心里一片混沌，感觉很隆重和神奇，也很庸常和轻盈。"你怎么理解这句话的含义？

3. 你有过或者听别人说过坐飞机的经历和感受吗？请写下来。

海上人间

名师导读▶

　　本文是作者记叙自己舟山之行的一篇散文，文章按照空间转换顺序，记叙了他的所见所感、所思所悟。阅读本文，捋清文章脉络，体会散文形散神不散的特点。

　　茫茫大海，远近昏黄，偶尔也会湛蓝。只见一点绿色，漂浮其中。慢慢降落，方才觉得这个空中俯瞰的片隅之地，竟然也是博大的。史前自然运动，实在奇妙又周全。舟山这样的地方，大抵也称得上是仙境所在。其名字，似乎也是如舟之山的意思。当然，海中洲这个称谓也极其恰切。春秋时期的甬东（甬江之东），以及北宋时期的昌国、明朝时期的定海卫、清时的舟山与定海山。其用意，都是吉庆祥瑞的。①古人在为地理命名时候的智慧，的确无可匹敌。只不过，从舟山的名字变迁来看，似乎也暗含了历史的某种规律，尤其是大海与海防对于国家民族的重要性。这是

① 赞扬了古代劳动人民在为地域取名时的智慧。

一个连续递进的过程，早期的中国，由于其自身的强大或自成一统，乃至人类航海工具的落后，使得四海边夷只能望洋兴叹。及至造船业的兴起，海疆与海防，包括经济贸易和文化交往等，才逐渐走进了人类文明史。

从地图上看，舟山本岛就像一只蝎子或蜈蚣，与之相连的岱山、大衢和嵊泗列岛也如是。这一系列的岛屿，构成中国东海岸边最有趣味的，也最具有战略意义的地理板块和海疆版图。其中的普陀山，因其为南海观音道场，更使得舟山具备了仙境气息。①至今，关于宋时日本和尚慧锷的故事流传甚广。即，南海观音之佛像，原在山西五台山。慧锷欲运到日本供养，殊不料，在东海回途中遭遇风暴及白雾，又铁锚生出莲花，动弹不得，只好将南海观音请至普陀山供养。

《普陀旧志》上记载说："宋元丰中，倭夷入贡，见大士灵异，欲载至本国，海生铁莲花，舟不能行，倭惧而还之，得名以此。"当地也有渔歌说："莲花洋里风浪大，无风海上起莲花。一朵莲花开十里，花瓣尖尖像狼牙。"

神仙之传说，向来是超自然的。信者信之，不信者不信。但天地之间，始终是有一种神力存在的，不一定是宗教或者具体的神灵，而是一种存在于万物之间的伟大力量。南海观音之愿，也是中国人所愿。最终落架普陀山，按照佛家的说法，这大抵也是缘分。佛家也是如此，道场该设在什么地方，冥冥中，大致也是有定数的。从朱家尖乘船，半小时后，就到了普

❶ 引用宋时日本和尚慧锷的故事，为普陀山增添了神奇的色彩。

陀山。

　　在地图和空中看，那么一点点的地方，人踏上之后，却发现它也是广大无比，草木繁茂的。^①对此，我只能说，人太微小了，大海中的一块礁石，也比我们的肉身大。游客络绎不绝，大都是来观光的，而众人来普陀山观光的第一要义，当是拜谒南海观音菩萨。我也不例外，登岸之后，沿着海滩，直接向南海观音行进。正是春季，普陀山上，草木萌发，新鲜的味道到处飘荡，无数的花朵盛开了，在沟坡和路边，肆意而又娇羞，大胆且又暗含怯意。路上不断遇到衣袂飘飘的僧侣，个个神态安详，目不斜视，走路的姿势，轻妙自然，有一种神仙般的轻盈。在这世上，我极其羡慕这些能够决然舍却俗世红尘，而专心向佛的人。^②在很多时候，人的放下、觉悟、慈悲，是比功名利禄更为辛苦的事情。

　　因为心急，我走得满身大汗，有一种迫切感。这是我第一次来舟山，第一个要做的事情，当然是朝拜南海观音菩萨。不为迷信，只是为了一种敬畏。佛陀的了悟与觉醒，应当是无上的智慧。而佛陀也是为人人的，如普度众生，慈悲为怀。我也一直觉得，慈悲是最伟大的品质，也是无与伦比的力量。从前，听到爱字便觉得是人类最好的心性了，当我了解了慈悲的真正含义之后，才觉得，慈悲是高于爱的，^③从某种意义上说，爱更多的是一种情绪，具有时效性，也有区分；慈悲则是苦难甚至绝望之后的觉醒和体悟，是持久的深刻的洞察和理解，甚至宽恕，最终体现为一种浑然无我的救赎与施与的精神与心灵行为。

❶ 把人和礁石对比，形象地写出了人类的渺小，引发读者的思考。

❷ 作者暗示现代人们内心浮躁，追名逐利，不能放下的现实情况。

❸ 通过对比，阐明了"爱"与"慈悲"的含义与不同，表明"慈悲"是远远高于"爱"的人性最高的境界。

到近前，仰望之间，忽然想流泪。观音的相貌太慈祥了，也太宽仁了。从她的神情当中，我看到了对整个世界的包容，对人类的宽恕，那些苦难、不幸、恶、仇恨、斗争、阴谋甚至死亡，在菩萨这里或许都是空无的，也都是可以原谅的。菩萨不是救世主，也不是某种偶像，而是洞晓世事和人性之后的澄明与喜悦。①爬上台阶，走到近前，再仰望，只见菩萨还是低眉信首，宽大的眼睑，无论从哪个角度看，她都在看着每一个方向，每一个人，每一个生命。我静下来，不顾脸上的汗水，景仰地看，虔诚地看，看着看着，便觉得菩萨的笑意是送给我的，她的无尽的爱与慈悲，使得我有一种被照耀的感觉，只觉得浑身无比舒坦，心灵发光。那一刻，我似乎意识到，所谓的精神、信仰，其实就是要在每个人的内心建造一座城郭或者宫殿，尽管不可以美轮美奂，但可以规整有序，既能自我丰饶，也能自律自守。

②辞别南海观音，沿着海边走动，浪花一卷一卷，宛若巨大无际的书籍，从天边来，更从浩瀚出来。浪花所镌刻的，都是这个世界的往事和秘密。有些我们已经读懂了，还有更多的在其中隐匿。沙滩灼热，烫脚，让人觉得舒服，又有些焦灼。远方的大海，正以浩茫无际的方式，向我提出问题。如宇宙何以大，人生何以无常，生活充满挫折，美好的总要沦陷和崩溃，坏的恶的何以如此久长而剧烈？如此等等，人类追问数千年，至今还没有一个统一的标准答案，而且永远都不会有。至普济禅寺，俨然一幅世外图画，湖泊、榕树、

① 写出了菩萨慈祥、宽仁、包容的情态，从而引出对精神、信仰的思考。

② 把翻卷的浪花比作巨大的书籍，形象贴切，富有动感。

菩提树等枝繁叶茂，婆娑多姿，兼具柔绵和苍劲。人在此修行，端的是天时地利。① 无论佛道，讲究的是清静，如老子《道德经》所言："清静为天下正"，佛家说的"清凉境界"。我以为，清字不仅是清静之意，还包括了自在、独我、勿扰、不惧、自证、圆满等含义，凉字当中，也有放下与觉悟、看透等内蕴。

❶ 引用老子的话和佛家之说，写出了现代人们要学会放下和反思，消除浮躁和追名逐利之举。

在湖泊边上稍坐，看普济禅寺的黄色墙壁，上面的暗红色犹如一种隔绝。墙壁之外众生芸芸，其中一些游客，特别是女性，总是习惯于露出身体的大部分，不论到哪里，都是这副打扮。我觉得，来普陀山礼佛，这样的穿戴是不雅观的，对普陀山乃至观音菩萨也是不尊重的。② 从古代的茹毛饮血、被皮披毛，到封建时代的丝毫不露，再到现今的以露为美，这简直就是一个现实版的"轮回"与"重复"。再去百步沙景点，在回头是岸的巨石下，白浪拍岸，海风浩荡。所谓"回头是岸"既是对恶人恶事的劝诫，也有此地一出，便是汪洋大海的警告。当然，还有胆怯与故步自封的意味。坐在巨石上面，日光热烈，海风浓腥，小水槽里还有些鱼虾在游动。

❷ 通过对比，形象地写出了现代人的某些穿着在普陀山不雅观，具有讽刺意味。

再去桃花岛，这个被金庸一写成名的岛屿，在《射雕英雄传》和《神雕侠侣》等小说中，既有仙气也有邪气，既偏远又令人向往。小说中黄药师的形象，与王重阳、欧阳锋、一灯大师、洪七公迥然不同。黄药师愤世嫉俗而又充满七情六欲，不满现实却又屡屡介入现实。他的几个徒弟梅超风、陈玄风、陆乘风等也各有性格。其中的梅超风既招人恨，又令人恨不起来。

在金庸的笔下，无论是黄药师还是他的女儿黄蓉，都是隐居世外之后，又被爱情、亲情拉入喧嚣江湖的亦正亦邪的江湖人物。黄蓉与郭靖的爱情可圈可点。① 从郭靖身上，可以看到凡伟杰之人必大智若愚，凡至高武功皆与个人修为有关的不二真理。而黄蓉从野丫头而成一代大侠并相夫教子的贤妻良母，这种转变，其实是落入了俗套的。唯有梅超风，其下场凄惨，但始终有着明确的人生追求，尽管杀人无算，但仍旧保持了对黄药师的感恩之心。

❶ 影视人物折射出的哲理与生活息息相通，文学作品源于生活又高于生活。

步入岛中，也就走进了金庸笔下恩怨不休的江湖。所谓的江湖，其实就是圈子。武功者一路，正邪善恶对垒不已。如今的人群，也都是一个个的圈子，也都是江湖。如秦时便隐居在此炼丹的安期生。据说，历代皇帝都派人前来寻找，而安期生不归。其鹤发童颜，俨然得道之人，年寿千岁以上。至今还留有安期生炼丹洞等遗迹。

金庸笔下的黄药师身上，大致也有着安期生的影子。在圣岩寺，拜谒石佛像，再转入新建的寺庙之内。如此的高处，果真当得起千岛第一寺之称。② 至"别有洞天"，觉得天地造化，鬼斧神工之外，一定还有另外的用意。人常以眼见而言之凿凿，殊不知，不知之外，还有更多的存在。再钟亭，抬头见"云山云水云涛云海天，仙人仙山仙洞仙境界"对联，甚妙。

❷ "别有洞天"除了有大自然赋予的神奇外，还有丰富的文化内涵和哲学理解。

整个普陀山乃至舟山市，"海天境界"是对其最好的形容。从安期生在此修道，近乎神话的传说来看，舟山之地，并非只有佛家，原生于本土的道教也在此扎根，并吸引了很多的修行者。事实上，儒释道在漫长的历史中碰撞融合，相互借鉴而成一体，金庸小说中的中神通王重阳，即创建了以儒释道合一为主旨的全真教，至今仍旧兴盛。小说家言实在是了不起的，如金庸之于明教、王重阳、丘处机等人形象的再创造、再丰满。日久之后，其功堪比罗贯中对三国人物的再塑造。

这就是文学的力量，而我得以来舟山，也是因为文学。20 世纪八九十年代，在中国文学界，尤其是散文，三毛是一个绕不过去的存在。时隔多年后，定海举办了首届全国三毛散文奖评选，我侥幸获得。因而才有了舟山之行。正如前文所说，定海这个名字，军事和神话意味很强。盖因清朝时候，海洋贸易到了兴盛的程度。当然，近代以来，列强对中国的侵略与欺凌，也是从海上来的。八国联军、鸦片战争、抗日战争，几乎每一场，都是列强依靠坚船利炮由海洋长驱直入。当然，明朝时候的打击倭寇，后来的收复台湾，等等，基本上也都是在海洋上发生的战争。

① 去小沙村，参观三毛祖居。这个奇女子，一生的经历成了传奇。关于她的故事，中国乃至荷兰等地都有流传。她的散文作品，几乎成了 20 世纪八九十年代每个读书人必备必读之书。还有她填词的歌曲《梦中的橄榄树》，至今依然是流行经典。在三毛祖居，我能感到一种来自深刻的客家文化的痕迹，也能够在其中读出舟山民居的简朴意味。三毛祖上，即她的祖父陈宗绪当也是一个读书人，把自己的家居建造得富有

❶ 三毛这位奇女子对此地的文化传播起到了积极的推动作用。

书香气质，又能令人觉察到中原文化在海岛上的痕迹。当然，三毛这样的作家，是迄今为止台湾最为优秀的散文家，比之现在依旧风靡于中国清浅男女之手的那些，三毛的散文成就，是其他台湾同行不可相比的。

根据安排，我们在三毛祖居之外的空地上种下了橄榄树，以寄托我等后辈对一代散文大师的敬仰。在当下年代，小说逐渐占据主要位置，散文常被视为雕虫小技，甚至饭后唾余。有人为之不平，但似乎也没有什么必要。因为，一个时代有一个时代的文学，文体之争，往往是可笑的。对于文学来说，唯有独立与深刻，庄雅和别致，方才能够被人记住，完全和体裁无关。<u>① 在诗歌至上的唐代，谁又在乎那些传奇呢？在小说渐成态势的清朝，纳兰性德不也横空出世，至今不朽吗？</u>

颁奖会后，去竹山公园，登山，参观鸦片战争时期的纪念馆，其中的英烈，都是在鸦片战争中壮烈牺牲的。如第一次定海战役中的知县姚怀祥及其部署，宁战死而不投降，其英勇决绝，令人泪奔。第二次定海战役中的定海总兵葛云飞、寿春总兵王锡朋、处州总兵郑国鸿均力战而死，其麾下将士无一变节屈膝。<u>② 这等壮阔的历史，清末之抗英英雄，端的是令定海增辉，端的是叫后来者觉得，即便是王朝没落之时，也会有壮士以死保卫家国，以血肉之躯和冷兵器对抗强大的帝国炮火。虽死犹荣。</u>在姚怀祥、葛云飞、王锡朋、郑国鸿等人的塑像前，我三鞠躬，以一个曾经的军人的方式，向遥远的先辈致敬。

❶ 连用两个反问，加强语气，强调"对于文学来说，唯有独立与深刻，庄雅和别致，方才能够被人记住，完全和体裁无关"。

❷ 我们的民族是一个英雄的民族，即使在王朝没落之时也有壮士誓死报国，字里行间流露出对英雄的赞美之情。

事实上，看起来遥远的往事，其实就在眼前。如今的世界，虽然雷同性和大同性不断递进，但短时间之内，国族之别，既是文明的胎衣与盔甲，也是壁垒与对手。这种情况至少还要持续半个世纪以上。因此，过分地强调融入世界，是片面的，不符合实际的。对民族英雄的厚待与尊崇，是民族的血性之本，精神之源。站在山顶上，俯瞰大海，苍茫无际者，不为空茫，而是不断的迫近与共融，近在眼前的，除了草木与人居之外，船舶的方向，永远是内外皆通的。大海没有栏杆，但它是有归属的。定海者，一杆而定家国与尊严者也。下山的时候，树叶掩映之间，我忽然想到，近二百年前，定海战役的参战者，便是在这里英勇反击英军的，也是在这里一个个鲜血直流，最终捐躯疆场的。

每一块土地上，都有烈士的鲜血和骨殖。①返回住宿处的路上，我一直在念叨定海这个名字，脑海里一会闪现《西游记》孙悟空所持的定海神针，一会儿又想，这舟山，这定海明明就是一艘永不沉没的巨轮，在东海之滨，中国的海疆，巍然屹立，既是前哨，也是坚固的堡垒。夜里，街上都是海鲜的味道，来自各地的人们坐在灯光下吃着这样那样的海鲜。对于海里的生物，我一直敬畏，大抵是因为生活于北方的缘故。当然，我也不喜欢吃肉，更不喜欢各种花样地吃。

吃各种生命的肉身，我觉得不怎么道德，也觉得，人也是血肉骨骼，有什么理由去吃掉别的生命呢？这应当是一种罪孽，或者说是罪孽的根源所在。和几个朋友坐下来喝茶、聊天。定海之夜，慢慢地安静了下来，

❶ 这句话突出表现了舟山定海的地理位置的重要性，还表现出舟山的文化底蕴丰厚。

167

车辆慢慢减少，如昼的灯火依旧。堤岸以外的大海是黑色的，在星空之下，收纳星空。一波波的涛声哗哗而来，又哗哗而去。^①我想，此刻海里的生物也该都睡着了吧。我们在陆地上，它们在水里。看起来迥然不同，但我们又共同生活在这个世界上。

❶ 表现了作者对生命的尊重，以及内心深处的善良与美好。

就像我在定海的数个昼夜，大海如此辽阔，其中的陆地也异常丰富，人在其上建造了各种各样的房屋，制造和引进了各种各样的工具，做着人间的事情。这里的人们，本质上与世界上任何地方的人毫无二致，因为靠近大海，大海就成了生存之源。自然从来就是慷慨的，它给予我们最好的，拿掉我们最差的。而且，它永远是所有生命最仁慈的保护者，包括所有的灵魂。

在舟山，在定海的睡眠中，我时常能够听到悠远清澈的钟声，伴随着海浪的翻卷，山川的溪流，以及僧侣们诵经的深邃与辽远，一次次把我唤醒。我知道，这海天佛国，一定是与我息息相通的，也是与众生密切相关的。^②在空阔的天地之间，舟山，这一艘探入无尽之水的"巍峨丰饶之山"，这犹如定海神针一般的庞然存在，令人感觉别样，又心神泰然，而且与整个中国和世界同气连枝，始终在有节奏的跳动，承载和塑造、喂养与激发更多更坚定的生命、历史、文化、信仰、精神，以及充满七情六欲、酸甜苦辣的海上人间生活。

❷ 作者文末点题，阐明舟山被人们称为海上人间的原因。

延伸思考

1.阅读文章，找出关键词，捋清脉络，完成填空：介绍舟山得名原因及其有关传说——来到（   ），拜谒南海观音菩萨——辞别（   ）——（   ）——再去桃花岛——（   ）——（   ）——返回住宿地的路上。

_____

_____

2.文中画直线的句子，引用《普陀旧志》和当地渔歌的内容，有什么作用？

_____

_____

3.文章写到桃花岛时，用大篇幅的笔墨写了《射雕英雄传》和《神雕侠侣》中的故事，分析这样写的妙处。

_____

_____

白马山上

名师导读 ▶

　　作者用生动细腻的笔墨描绘了白马山的地貌风光，也联想到了诸多与白马山有关的故事与传说，更增添了白马山的神秘色彩。阅读文章，感受作者于白马山体验到的人生感悟。

　　我们当然可以走得远一些，再远一些，可是，在很多时候，大地的样貌有时候是差不多的。这是一个悖论。比如北纬 30 度及其周围，文明和地理的奇异，是其他纬度所不可相比的，但其山势与生物却又极其相近。① 比如白马山，其地质构造的形成可以追溯到新生代和古生代，那个真正"翻天覆地""再造世界"的雄壮的时代，也得益于此，今之白马山境内深涧峡谷、危岩高崖，林立而雄秀，几乎每一处，都带有鲜明的地壳运动痕迹，也都有着这样那样的传说与神话。

　　傍晚时候上山，曲折蜿蜒，从低处到高处，尽管有车子，但还是觉得，这样一种攀升的姿势，是人类

❶ 举例说明白马山其特殊的纬度位置造就了它神奇秀丽、葱茏苍翠、群山逶迤的独特地理环境。

由来已久的，也像极了某种精神的塑造过程。迎面不断有卡车、摩托车和越野车无声而来，我觉得了某种危险性。但仔细想想，人的每一天，在每一个场景中，危险无处不在，体现了生命的脆弱性与命运的无常。

白马山海拔最高处为1900多米，这在乌江之畔，川黔之地，甚至整个重庆，想必也是独特的。据我有限的了解和观察，中国西南之山，极少有硬岩石构成的巍峨与坚固，倒是由粗砂与巨石的堆积起来的占据多数。

白马山亦如是。

落脚的地方名叫天尺坪，蓦然看到众多的房屋，每一幢都很崭新，充满新的城镇的味道。①从这个名字看，当然也含有神话的意味，天尺、天尺，大致与传说中的天庭的最高权力者有某种联系。果不然，当地的朋友说，白马山与仙女山遥遥相对，起先，两者为一对名副其实的神仙眷侣，后遭王母娘娘责罚，以天堑为界，隔断鸳鸯。其身边的乌江（牂牁江、黔江），为贵州第一大河，亦为长江上游最大的支流。

夜晚，大开窗户，也是安静的。在当下时代，大地的每一处，只要是远离城市，我们就可以获得希见的安宁，不论内心和灵魂是否也会如此，至少肉身可感。夜虫的叫声此起彼伏，有一种潮汐的感觉。不知名字的鸟儿偶尔朝着黑夜喊几声，虽然不知道它们说的是什么，但至少可以传达一种信息，不管听的对象是谁，听到的感觉与情绪如何，这本身就是一种活着甚至幸福着的证明。

❶ 在作者笔下，"天尺坪"的命名也有了神话意味，增添了白马山的神秘色彩和文化内涵。

白马山源出大娄山，为其西南翼，衔接川南，通达道真，为重庆之门户。① 大娄山位于贵州遵义境内，当年中央红军经过此地，毛泽东写有著名《忆秦娥·娄山关》，全词为："西风烈，长空雁叫霜晨月。霜晨月，马蹄声碎，喇叭声咽。雄关漫道真如铁，而今迈步从头越。从头越，苍山如海，残阳如血。"20世纪40年代的解放战争时期，蒋介石曾令宋希濂部死守此地，为的是确保其西南之地的安全，为"还都重庆"战略做铺垫，却在我人民解放军面前，一败涂地。

历史在某些时候的过程与细节，颇耐人寻味。凡险要之山，屏障之处，历来是兵家必争之地，当然，这兵家必争之中，也包含了诸多的历史经验与现实经验。在白马山的夜里想到这些，顿觉别有趣味。黎明之时，睡得正香，因为，这高山之巅，绿色之地，给人的当然是无边的清静与丰沛，尤其是白马山上的银杉、水杉、珙桐、荷叶铁线蕨、银杏、鹅掌楸、水青树、穗花杉、兰果杜鹃、天麻等植物，与成片茶树一起，还原了本真的自然及其所应具备的空气与所有的声响，甚至还可以听到已经消失了的云豹的叹息，躲在深谷密林之中的黑叶猴、灵猫和水獭等生灵的灵活飞度与机警的身影。

大地的每一处，都是充满生机的，有的展现了出来，更多的在独自隐藏。白马山尤其如此。② 早上有雾，雾锁关山，看不到更远，与之相对的仙女山也被遮蔽了，那白雾，像是一方白色的巨大的纱巾，把仙女围裹了起来，让我看不到她的真容。对此，我不觉

① 引用毛泽东的词作，描画了红军长征中征战娄山关的紧张激烈场景，表现了作者面对失利和困难从容不迫的气度，以及再次跨越娄山关的自信与豪情。也说明娄山关是川黔交通要道上的重要关口，自古为兵家必争之地。

② 比喻的修辞手法，把白雾比作一方白色的巨大纱巾，遮蔽了仙女山，形象地再现了早上白马山烟雾缭绕、朦胧梦幻的特点。

得有什么遗憾，很多时候，看不到的事物所具备的美感，在想象中，比看到更为动人。在连片的茶园里，有一种温润的气息氤氲弥散，丝丝入扣，从口鼻进入，使得全身清澈。由此可以推测，在古老的年代里，白马山的茶叶肯定也赫赫有名，同时也随着骡马与人的脊背，东去南往，与巴蜀之地其他地方的茶叶成为文化和文明的使者，乃至成为很多人养家糊口的主要载体与媒介。

而这里，只是白马山中间偏上的部分，再向上，是国家级森林保护区。进入其中，林幛如幕，层层叠叠，高低不同。至一处，竟然有三面自然的湖泊，其中一面明澈如镜，倒影蓝天白云。由此令人想起"兑卦"，泽中见日月，其卦辞曰："亨，利贞。"意思是，一切顺利，利于坚持。古人在创造文明的时候，果真是师从自然的，正所谓"天垂象，圣人则之"是也。^①另外两面湖泊，紧挨在一起，整体看，犹如女性的双肋，透发的柔媚之气，则极容易让人想起"柔弱胜刚强"这句话。下午四点多，乌云乍起，遮蔽了可以远眺的视线。

走在野花点缀的草地上，我觉得，此地可以建造一座小型的宫殿或一般的建筑，一些人，不奢求什么俗世富贵，于此居住的话，肯定有着世外桃源的意味，久而久之，说不定还可以羽化登仙。正在这样想的时候，忽然下起了雨，虽然不大，但也略显急迫。我躲在保护区的房檐下，坐在小凳子上，有一位年过六十的人，端来一盆煮玉米。这是我的最爱，还有所有的素食。啃食的时候，我在想，自然的本质就是要人无欲无求、

❶ 把两面湖泊化作女性的双肋，想象丰富，突出了山水相映的柔媚。

心怀感恩与宽容，这白马山，本质近乎大道，或者是"道"的具体体现。对于这里具体的物种与偶尔来到这里的所有人来说，能够在此体悟，肯定是人生一件幸甚的事情。

延伸思考

1. 文章第一段提到的神话传说是什么？这样写有什么作用？

_____

_____

2. 作者说："很多时候，看不到的事物所具备的美感，在想象中，比看到更为动人。"你有过这样的体验吗？分享给大家。

_____

_____

3. 文章结尾写道："自然的本质就是要人无欲无求、心怀感恩与宽容，这白马山，本质近乎大道，或者是'道'的具体体现。"你如何理解这句话？

_____

_____

与母亲和小姨同游平遥古城记

名师导读 ▶

　　山西省是一个具有悠久历史的省份，被赞为"古代文化博物馆"，有着"华夏文明摇篮"的美誉，是中华民族的发祥地之一，拥有数量众多的古代人文遗迹。著名的平遥古城就是其中的一个。平遥古城被称为我国保存最为完好的四大古城之一，也是四大古城中唯一一个在北方的古城，更是中国仅有的以整座古城申报世界文化遗产获得成功的古城。阅读本文，让我们展开想象的翅膀，跟随作者去感受平遥风光，体验古城文化。

　　落日西冲之际，我们到达。① 按道理，我老家和平遥距离不远，但此前一次都没来过这里参观和拜谒。这一次，我和弟弟陪着母亲和小姨，借去榆次寻访一位中医的机会，才来到。之所以说拜谒，是我一直以为，任何长久的存在物之所以不朽，且日渐兴隆，一定是

❶ "拜谒"一词，有拜访、参拜、拜见、瞻仰的意思，体现了作者对平遥古城的仰慕与向往。

① 点明平遥古城得名以及成为世界文化遗产的重要原因。

② 日升昌票号成立于清道光三年，由山西省平遥县西达蒲村富商李大全出资与总经理雷履泰共同创办。雷履泰，山西平遥县龙跃村人，中国金融业泰斗——山西票号创始人，对中国金融业发展贡献颇大。这也是平遥之所以被称为古城，成为世界文化遗产的重要因素。

有它的优异之处或者说"道"在其中做支撑的。^① 平遥这个地方，历史上从来就是郡县或者县衙的治所所在地。近年来，因为山西票号，也就是晋商之辉煌历史的遗存与再现，特别是他们那种经商理念以及对传统文化的弘扬与恪守，使得平遥不仅仅是一座悠久而具有中国建筑特色的古城遗址所在地，更重要的，是一种精神信仰长久存在的象征，并引发的诸多感慨与效仿。

我母亲和小姨，是家族里仅存的两位长辈了。他们姊妹五个，大舅二舅和大姨妈先后去世，姨夫、妗子和我父亲也陆续作古。她们姊妹之间，感情深厚，三天不见，便会相互去看望。在艰难的人生路上，舅舅和大姨小姨对我们家的扶助，这一份恩情，任谁都不会忘记。这一次，趁去榆次寻访一位中医的机会，顺道来平遥古城，主要是想请母亲和小姨放松一下，让她们也像其他老人那样，出来见见世面，热闹一下。

人生的苦楚，各有各的不同。就像这平遥古城，这般的稳固、持久，独具特色，它也是经历了沧海桑田，以及朝代更换的，其中的豪杰雅士、商贾走卒，乃至寻常百姓所经受的，尽管体验不同，感悟层次不一，可只要是人，只要生活在某个时代，就会被更大的浪潮所裹挟。^② 李大全和雷履泰创办的日升昌票号，大抵是山西这片土地上，乃至彼时中国的一个奇迹。他们的"汇通天下"的实施，乃至在当时社会经济社会中的作用，实在是不可估量的。他们的以人为本、诚信敬业、修己敬人的经营理念和商业律条或者说实践方式，至今仍是先进的，同时也对后来的银行业有着重要的影响。

①李大全和雷履泰及其追随者的做法，尤其是职业上的操守，既体现了儒家思想的克己复礼为仁，又掺杂了道家和道教的天命观与"天道忌满"的敬畏与虔诚。这一点，正是很多人失去了的，或者说自行摈弃了的。我一直在想，传统的东西未必都是糟粕，古老农耕社会的律条和社会规矩未必都不再适用于当代社会。无论时代如何发展，我们面对的社会环境和自然环境如何更换和变迁，人仍旧是主题。②人和人的合作，团结互助，永远是一个美德，也是一个行之久远的现实性的课题。李大全和雷履泰的"日升昌票号"以及"汇通天下"的兴盛一时，就是极好的证明。

在古街游览之间，我把这些想法说给了母亲和小姨，她们俩都没读过书，但也说，人到啥时候，都是仁义好，有信誉的好。③凡是做大事的，都是心里边有别人，也都是说话算数的。否则，啥也做不成。她们的话朴素，完全是乡间的。如此来看，无论全球化进程如何加剧，无论是黄种人还是白种人，基本的情感是相同的，基本的社会规矩以及为人处世的准则也是相通的。路过醋店的时候，母亲和小姨都说，山西的醋很好吃，都是粮食做的。我给她们买了一些甜醋，让她们回家后每天喝点儿。再去古衙门。这座已经有六百年历史的县级行政办公场所，端的是古雅，其中

❶ "天道忌满，人道忌全"指的是事事要留有余地，不要把事情做得太绝，这样即使是造物者的上帝也不嫉妒我，神鬼也不会伤害我。这也是李大全与雷履泰事业成功的重要因素。

❷ 合作共赢，无论古时还是今日，永远是成就事业的必备条件。

❸ 朴素的话语，体现的是基本的社会规矩以及为人处世的准则，是老百姓评价真善美的基本标准。

的房间安排，尤其是对各个职位的训诫式的定位，体现的是古老的中华民族以人为本的道德和法律标准。

就像文庙，孔子明人伦之思想，以及历代关于科举的文物陈列与说明，完整地展示了科举制度在各个年代的具体操作方式，以及重大变革。孔子及其学说，当然是不朽的，构成了中华民族最基本的人群关系秩序和社会规范，对于我们每一个人，意义都是巨大的，也都是不可替代的。①母亲和小姨不识字，但一听说大成殿供奉孔子，也上前作揖，也祈愿她们的孙子和外孙们都能好好读书，上大学，然后做个有文化的人。学习乃至文化，尤其是语言文字及其所具有的一切功能和好处，已经深入到了我们民族的骨髓里去了，也是我们民族最根本的精神信仰。

再去清虚观，老子的飘然与对于天、地、人之道，对世界和宇宙，以及万物的看法与阐解，构成了中华民族最核心的精神观，他的哲学，俨然超越了诸多的学说。据说，《道德经》的发行量，在世界范围内仅次于《圣经》。并且，道家的学说，也直接影响到了西方文化，甚至是科学研究。尽管，道家和道教不是一个概念，但道教在民间，也是具有超凡渗透力的。我们生活中的诸多规则和禁忌，都是源于道教。如春节的习俗，红白事的操办与程序等。"万物有灵"这个观念不仅只是萨满教和西方的巫术，同时也是我们民族早期的心灵史中的重要传统。

并且，在平遥古城，可以明显地感觉到，儒释道

① 即使是不识字的母亲和小姨，听到大成殿供奉着孔子，也上前作揖，不仅体现了她们对后代子孙的美好愿望，也说明孔子文化备受尊崇。

是相通的，甚至是合一的。出了清虚观，再去双林寺和镇国寺，这种迹象可以说感觉更为强烈。佛陀的觉悟，空，放下，普度众生，尤其是慈悲为怀，是非常有益于人的自我修养的。世界如此复杂，人群如此拥挤和多变，如何抱定空无之心，洞悉真相，是每一个人都要认真去思考的。①禅院肃穆安静，一切的喧闹都被隔在了墙外。唯有冬日略微淡薄的日光，从湛蓝的天空中洒下来，落在古老的柏树上，有一种吉祥若虚的空明质感。母亲和小姨在树下坐了一会儿，眼神里满是虔诚。

❶ 有动有静、有情有态的景物描写来渲染佛门禅理涤荡人心、怡神悦志的作用，在给读者带来美的享受的同时又把读者带进幽美宁静、超凡脱俗的世界里。

登高环望，整个古城，形似巨龟。龟这种动物，是中华民族共同认为的，吉祥与长寿的象征。设计古城的人，大抵也是顺应了这里的地理特征，并有美好祈愿的。古街之上，青石光滑，依稀可见有骡马的蹄印。人走在上面，有一种行走在时空隧道中的恍惚。街边店铺众多，人也众多。熙攘之间，各种腔调。②人们来这里，到此一游有之，但更多的，大致是和我们一样，来这里感受一种文化，思考山西，尤其是晋商的商业理念，当然还有对这座古城建筑形式与艺术的直观。我和弟弟陪着母亲和小姨，也在落日逐渐滚动在古城墙上的时刻，吃着山西的刀削面，又叫了几个炒菜。然后开车出了平遥。斯时，落日在大地上余下浓重的阴影，黑夜以它一贯的巧妙的方式缓慢降落。

❷ 文末再次点题，平遥是一座文化之城，亦是一座底蕴之城，在这里，有着你探索不尽的秘密与文化基因。

延伸思考

1. 文章写到母亲和小姨的生活和遭遇，亲人离世，姐妹情深，插入这些内容有什么用意？

_____

_____

2. 文章结尾画直线的句子，试作赏析。

_____

_____

3. 作者说："我一直以为，任何长久的存在物之所以不朽，且日渐兴隆，一定是有它的优异之处或者说'道'在其中做支撑的。"请结合自己的阅读与生活体验，举例分析。

_____

_____

涞源野长城记

名师导读 ▶

　　作者游涞源野长城，不仅描绘了野长城恢宏、蜿蜒、壮
阔的气势，赞美了古代劳动人民的智慧，更是联想到了诸多
历史故事，增添了涞源长城的文化内涵和厚重底蕴。阅读文
章，跟随作者一起攀上长城，感受自然的恩赐和历史的馈赠。

　　远看犹如一根悬在空中的铁线，最多也只能算作
钢索。而其上，却有巍峨的长城。这种奇迹，全世界
少见。然而，如此宽度的极端山岭，在太行山北端，
燕山、恒山与太行山之间比比皆是，这种凶险奇绝，
在冷兵器年代，必定使它们成为战略要冲。①曹操《苦
寒行》诗说："北上太行山，艰哉何巍巍。羊肠坂诘屈，
车轮为之摧。"我在读《新唐书》的时候，了解到，公
元 755 年，安史之乱爆发不过半个月的时间，河北、
山西和河南大部沦陷，安禄山大军攻占洛阳，逼近长

❶ 引用曹操《苦
寒行》中的诗句，
进一步说明"北上
太行"的艰险，突
显出太行山凶险奇
绝的特点。

安，帝国危亡之际，郭子仪以朔州节度使的身份，率属下数万军出固关，"收云中、马邑，开东陉。会李光弼攻贼常山，拔之，引军下井陉，与光弼合，破贼史思明众数万。"郭子仪和李光弼对于唐帝国来说，有着起死回生之大功。郭子仪一生，也以谨慎为其行事风格，是历代功臣和名将中难得善终的一人。

① 南宋庄季裕在《鸡肋编》中说："夫河北方二千里，太行横亘中国，号为天下脊。"这个天下脊，一则说明了太行山的外形，犹如"人之脊背"，二则强调了太行山之于整个中国北方地貌与文化上的重要性。在抗日战争时期，太行山成为八路军重要根据地，对于牵制和打击日军，起到了不可估量的作用。特别是百团大战和黄土岭战役，前者打出了八路军抗战雄风，向世人证实了中国共产党在抗日救亡战争中的巨大作用；后者则以击毙日军名将之花阿部规秀名闻遐迩。除此之外，太行山也以其诸多的神话、传奇和英雄史诗，成为中国北方高地上，最为雄壮而又充满文化意味的一座名山。

太行山拱卫京畿，沟通黄土高原与华北高原，以山地的姿势，衔接黄河文明，是古代燕云十六州之地理分界线与战略堡垒，其文化和文明的灿烂，与其负载、生长的众多动植物成正比，也与它在人类历史上所经历的沧桑相得益彰。地理环境对于人类来说，是酝酿和造就地域文化的根基所在，也是人们依仗其生存发展的容身之处与繁衍之所。② 这种相互成就的关

❶ 引用南宋庄季裕《鸡肋编》中的内容，有力地证明太行山之于整个中国北方地貌与文化上的重要性，犹如"人之脊背"。

❷ 形象地写出了人与自然的关系，独特的地理环境成就了独具特色的太行文化。

182

系，使得人和山，山和人，形成了一种生活上相互借力，精神上相互融通的格局。至于所谓的人类文明，也借由伟大的地理，逐渐延展和孵化而来。

2021年初秋，我平生第一次来到涞源，即太行山北端。登上白石山、插旗岭野，眼光落在于窄岭高岗上修筑的明长城的时候，一下子就被震撼了。长城这种建筑，显然有军事的功能，即两个军事阵营，对于疆域的划分。西汉时期，帝国曾与匈奴大概地划定疆界，西汉之地名之曰"冠带之室"，长城之外乃为"引弓之国"。这其中，体现的是游牧民族的彪悍与野性，当然也有他们习惯于游牧生活的天性与生存要求在内，更突出以农耕文明为标志的"冠带之室"在礼仪、文明、科学技术，以及哲学思想上的诸多特点。① 近年来，有学者发现，由强秦开始，不断修筑的长城居然蜿蜒在一条神奇的纬线上，即游牧和农耕的一条天然的气候分界线上。这肯定不是天然性的巧合，而是一种人的智慧的展现。

在战火与兵戈的年代，无论是冷兵器碰撞的鲜血淋漓，还是火器年代杀人百步之外的残忍与果决，在太行山发生和它所承载的梦想、鲜血、骨气、牺牲与功过是非，都成了我们民族最为深刻的记忆之一。人们对于历史的追寻与纪念体现了一个民族的文化记忆，以及精神上的强烈归属感。

② 几乎所有的长城，无论秦、赵、燕、韩，还是汉唐宋明，都不约而同地修建在了崇山峻岭之上，长城

❶ 看似天然，实非偶然，赞美了中国古代劳动人民的伟大智慧。

❷ 引用《蜀道难》"黄鹤之飞尚不得过，猿猱欲度愁攀援"一句，写出蜀道之难以逾越，连善飞的黄鹤和善攀的猿猱都跨越不了，由此也衬托出了长城的雄伟、坚固。

183

雄峙之地，还都不是一般的陡峭和尖峭，而是像李白《蜀道难》中所说的"黄鹤之飞尚不得过，猿猱欲度愁攀援"的飞云之地和鹰隼筑巢之处。涞源境内的野长城尤其如此。相比那些较长、较大的，保存比较完整的居庸关、慕田峪、山海关等长城，涞源插旗岭和白石山上的野长城独具风采，既有庙堂之高的凌然雄霸之气，又具备了民间文化的低调与柔韧力量，主要表现在，它们都是宋明时期修建的，其中，以明代最多。这一个朝代，其武功当然不弱，因为它长期面对的是剽悍的蒙古铁骑，这一个游牧民族，他们的弓马不仅总是敲打长城，也曾在全世界掀起了一场无与伦比的征服之战。

依靠耐力持久的军马和马镫、蝗虫一般的箭矢、便于连续行军食用的牛肉干等，使得蒙古大军所向披靡。朱明王朝立国不久，便以禁海禁渔的方式，一方面切断了海路交通，且派驻大军，对入侵的倭寇等进行了强有力的打击。另一方面，在陆地，尤其是北方和西北，集中了优质兵力，防范蒙古大军卷土重来。尽管如此，朱明王朝并不放心，发动了庞大的人力，在各个要塞不断修筑用来拒敌的长城。

① 难以想象，这长城居然修建在无回身之地的巉岩危岭之上，左右两侧，无任何依傍，天知道，当年的工匠们，如何把那么巨大的石头，还有每块重十公斤的砖头运上去，又严丝合缝地垒砌起来的呢？这无际的长城逶迤而上，像是一条年迈的蟒蛇，更像是与苍山结为一体的长龙，那么婉转，又那么硬实，恢恢

① 长城的修筑是依山而建，利用陡险的山脊，开山取石，就地取材，其工程之巨大，耗时之长久，不是一个朝代能完成的，其中凝聚了中华民族千百年的智慧和血泪。

然如兵马肃立，苍苍然而又造型奇特，随着山势而耸立、舒展、弯曲的巨型灰色巨石，在荒凉山岭，成为一种人间奇观，一种用以保卫、攻伐的巨大利器。

最强大的战力是人心和人的精神，但有效的地形地势和有形而可靠的屏障也是一种杀伤力，更是纵马和禁马，出击和反击的主要依托。① 在冷兵器年代，坚固的工事一再证实自然物被人利用之后的有效性，如山海关，倘若不是吴三桂主动打开城门，皇太极的军队要想越过关隘，进入北方和中原，肯定还要耗费更多的时间，还会有更多的将士在城下死亡。再如嘉峪关，明帝国与蒙古的对垒，关隘的力量在实际作战中尤为重要。

① 举山海关和嘉峪关的例子，说明在古代战争中，长城作为防御工事的重要性。

沿着陡峭的山坡向上，沿途可见新鲜的牛粪，哞哞的叫声在茂密的洋槐树林里，粗壮的黄牛不仅有着非同寻常的耐力，爬山能力也很强。这也是北方山地的造就。在这样奇峭的山间，要想很好地生存，草食和陆行动物必须要具备与之匹配的能力。② 山顶上，野长城赫然进入眼帘，由低处向上，这种贴着山势的匍匐、耸立、向着远方的游走，体现了一种龙的姿势和气象。黄荆花正在盛开，还有一种叫作金牡丹的野花。举目仰望，正山岭上突起一座哨楼，地基高出山岭一米多。楼顶长满荒草，以黄荆灌木居多，还有一些不知名的野草和黄野菊。再向北，不过两米宽的山脊上，长城也残毁严重，但根基尚在，仍旧坚固。

几乎每个石头之间，都有一些白色的类似水泥的

② 野长城依山而匍，宛如游走的长龙，化静为动；同时，中华民族是龙的传人，作者说野长城体现了一种龙的姿势和气象，正是对民族精神的赞美。

185

一样的黏合剂，看起来松散却黏结力甚强。据说，这种黏合剂在春秋战国时期就有了，科学家分析说是由糯米水加石灰而成的。其坚固程度，从长城的修造上，特别是历经数千年和几百年依旧巍然屹立不倒的耐力，比现在的楼房技术含量更高。这说明，在久远的年代，我们以为那时候的人们智力有限，工具落后，可没想到，那时候的人们不仅有了百家争鸣的各类思想和哲学体系，且具备了对自然物充分、合理的利用，并使之达到最高目标的技术能力。这一点，今人在很多方面肯定还是自叹不如的。

❶ 白、黑、灰、绿，色彩对比鲜明又和谐，意境悠远。

① 站在高山之巅，依傍长城，只见四面群山，云雾曼妙，白和黑，苍灰与翠绿，构成了一幅意境深远的山水画。尤其是山上的石头，一块比一块巨大，犹如拳头、肉夹馍、铁棒、面包、案板、兵士与头盔、美妇人、石牛、刀鞘、战鼓等，深嵌在泥土之中，周边的茅草如同幼儿，围绕着巨大而又惨白的庞然大物。

❷ 作者用数百年、几千年这些表示时间的词语写出了山石历经沧桑与时间的洗礼，却异常坚固，体现了自然的坚强与神奇。

② 其中一块，居然立在另一块巨石之上，看起来即将滚落，甚至在风中摇晃，但数百年，甚至几千年过去，也没有轰然而下。

❸ "卧"字用得好，形象地写出了华中小镇坐落在盆地中的舒适与惬意，同时把小镇比作优雅舒展的莲花盛开在涞源之野，形象而富有美感。

向南的山岭上，长城连续，攀山越岭，去向更远的地方。③ 从垛口再看涞源县城，却看到一大片白色的，有些宏伟的建筑，卧在北山和南山之间巨大的盆地里，犹如一朵优雅舒展的莲花，盛开在苍茫的涞源之野。当地朋友说，这是涞源县的华中小镇。只见北山高峰，此起彼伏，端的是一面天然屏障，而盆地之中，却良田阡陌，桑柳溪水，倒是一方绝好之地。我不禁惊叹，涞源的先祖们，即第一批居民，选址在此，世代袭居，确实是有眼光的。尽管，这里也曾经作为战争的前线，如赵国和中山国、宋辽、朱明和蒙古等，但历史总是无战事的年代多，人们于此生息，不仅可以得到物质上的丰富，还可以通过婚配等方式使民族得以融合。因为毗邻山西、内蒙古，涞源人在吃的方面，可谓丰富而又独特，如可以熬出油脂来的小米粥、绵甜的南瓜、人人喜欢的大锅菜、小米糕、浆水面、手擀面、马齿苋、桑叶和红薯粉条、饸饹面等，是肉食之外另一种口腹享受。

在当下的年代，人们需要的不仅仅是一栋栋华宅，一幢幢现代建筑，更需要的是文化的浸润和熏陶。闲来登山见情，雨时可凭窗望烟雨，群山之间，盆地之中，花果簇拥枝头，流水穿城过街，这种生活，当然是有些神仙的意味了。

当地朋友说，有名的"太行八陉"中有一陉在涞源，那就是涞源与蔚县交界处的飞狐陉。[①] 当年，名将李牧在这里守边疆，采用"坚壁清野""不令所获"之战略，使得匈奴误以为李牧胆小，不敢出战。赵王听信谗言，派人替换了李牧，新的将领到来，积极应战匈奴，皆大败而归。赵王无奈再次启用李牧。李牧就任，依然如故，使得匈奴思想麻痹，尔后诱敌深入，一举将之击溃，使之数十年不敢接近赵国边境。

飞狐陉衔接内蒙古乌兰察布等地，古代和平时期，这里也成了著名的商贾之道。对于游牧民族来说，日

❶ 坚壁清野，指的是加强防御，转移田野的人口和物资，退守营垒，不迎战，使敌方因缺少物资不战而退。

常最不可缺的，便是茶叶和盐巴。茶马古道由此形成。这种民族自发的以货易货的交易，是最美好的事情。

下山也是一身热汗，沁沁而流，濡湿衣衫，至谷底，再次抬头环望，炽烈秋日阳光在满山的巨石上泛起一片片的光，耀人眼睛。①雄姿犹在的野长城兀自在崇山峻岭之间，蛰伏的苍龙一般奔赴远方。那姿势，好像它还深扎在光阴的隧道里，高低起伏的群山沟壑，似乎还在传唱历史的歌谣，当然，其中可能有飞箭的呼啸、战马的铁蹄，兵器的碰撞等。所有已经发生了的都不会消失，可能在另一个时空，也可能在我们的血液和灵魂当中。

夜幕之时，我再一次吃到了煎饼，一层一层的，味道很香，还有嚼劲。莜麦面的饸饹劲道而又别具风味，可以加辣椒，也可以点点儿香油，再撒上一些葱花和香菜，很是爽口。最好吃的好像是红烧草鱼，这种鱼在北方常见，涞源的草鱼很多，大都是拒马河中野生的。这拒马河名字之好，简直就像是一首诗。很多年前，我就发现，有许多北方的诗人，以拒马河为标题，写了很多诗歌作品。

夜里安静极了，后半夜下起了雨，不大，沙沙的响声，在窗外，好像音乐。倏然醒来之后，我有些恍惚，想起幼年时代在家乡听到的夜雨之声，雨打在梧桐叶子上，打在野花上，也打在沙地的青草上，那种敲击和浸润，轻柔有致，令人沉醉。早上还是小雨，四边山上白雾腾起，如梦如幻，宛若仙境。去白石山，据

① 野长城犹如蛰伏的苍龙奔赴远方，形象地写出了长城富有动感的姿态。

说这山上的石头以大理石居多。云雾之中，缆车向上，青翠植被覆盖了山的每一处，就连峭壁上，也生长着厚厚的苔藓和丰茂的灌木。

这白石山，应是太行山北的起始点，衔接北京、陕西、张家口等多个行政区域。就像一群高头大马，从这里开始飞奔向南，连带山西、河北，一直深入黄河，与王屋山对接。①这使人不由得想起著名的《愚公移山》，想起《西游记》中的五行山，以及传说中的女娲山。当然也会想起抗战年代八路军在太行山上的英雄事迹，将士浴血奋战，为的是民族的尊严和国家的胜利。尽管他们已经远去了，可与英雄为邻是一种荣光之事。

白石山最高海拔 2088 米，造型奇特的峰林、飞溅的瀑布、绝壁鸟道等，在北方极其少见。到山上，大雾之中，青松沉浸，默然、淡然，令人想起修道的神仙。只是，大雾遮住了远望的目光，若不然，还可以看到名闻遐迩的狼牙山，五壮士的英雄长歌，显然也为这里的太行山增添了浓烈的精神色彩。

要离开涞源和华中小镇了，收拾行李的时候，竟然有些恍惚，似有不舍。②如此的一个地方，对于久居都市的人来说，是难得的清净之所，涵养身心之地。登山看长城，历史风烟滚滚，云雾缥缈之间，大自然的神奇画作近在眼前，流水淙淙，鸟雀脆鸣，一切都是那么的田园、自然、淡泊，如此之境，当是致远之地。明代石珤《太行山行》诗说："其开如陉下如井，云作炊烟瀑垂绠。羊牛只道来层霄，鸡犬方知接人境。"

❶ 由白石山想到神话故事《愚公移山》，再到五行山和女娲山，最后引出为民族的尊严和领土而浴血奋战的八路军的故事，赋予了太行山新的含义——英雄之山，表达作者对抗日英雄的赞美之情。

❷ 写出了离开涞源依依不舍，以及作者对恬淡宁静的生活的向往之情。

延伸思考

1. 文章第二段回忆了抗日战争时的故事，有什么作用？

_____

_____

2. "西汉时期，帝国曾与匈奴大概地划定疆界，西汉之地名之曰'冠带之室'，长城之外乃为'引弓之国'。"结合文章内容，分析"冠带之室""引弓之国"两个地域名称有什么特殊含义？

_____

_____

儋州拜谒东坡先生记

名师导读 ▶

　　"拜谒"一词即"拜见所尊敬的人"，有"瞻仰"之意。从文章题目即可看出作者对苏东坡的敬仰，阅读文章，体会作者表达的情感。

　　从简陋却肃穆的冼夫人庙出来，不远处就是桄榔庵。[①]一千多年之后，苏轼当年在这里的居所只剩下一座石碑，似乎还有一块黑色的火山石，据说是当年东坡先生自己动手修建的屋基之遗存。除此之外，四周都是今人的田地了，其中的一些蔬菜长得很好，苍郁青翠，惹人喜爱，但我却不知道它们的名字。站在田埂上仰望，天空乌云重重，阳光当然无法热烈。附近的村子掩映在众多绿树之中，一派错落的安然状态。进入其中，阡陌房舍，机车穿行，俨然一片人间烟火景象。

　　公元1095年，苏东坡送走了他生命中的第三个女

❶ "只剩下"这个词形象生动地写出了苏轼当年的居所简陋，就像苏轼这个人一样朴素深远，也写出了时光流逝的物是人非。

人——王朝云。这个女人，是苏轼当年在杭州时候买来的侍女，最终成了或者相当于他的第三任夫人。也就在这一年，苏轼，这个经历了人世和宦海诸多复杂和艰难的诗人，民本主义者、不合时宜的政治家，也开始了禁欲生活。

与苏轼在一起的女人都早夭，王弗、王闰云，以及王朝云，这三个女人，都是于苏轼的不同年龄段染病身亡。这其中的隐秘，似乎与苏轼的从政历程有暗合——短暂的得意，以及长期的贬谪。① 也可能，正是由于这些苦难，从黄州、杭州、惠州、儋州到常州，苏轼的诗文书画艺术的觉悟和所抵达的高度，也在不断攀升，几乎到了当世凌绝的境界。"文章憎命达"这句话用在苏轼身上，可能是最恰切的。由此可见，苦难于当世的个人，可能会招致一时的冷眼甚至不顺当，"心似已灰之木，身如不系之舟。"不仅是苏轼的现实写照，也是古来诸多类苏轼者的共同心境。

穿过嘈杂的街道，村外乡路两边，刚收割了的稻田只剩下焦枯纵横的硬硬的稻茬，水莲在野地里肆意而又寂静地开放。转到东坡书院，内心充满景仰。这昔日的荒野，临时的书院，如今的旅游景点，坐落在一大片林木茂盛之地。前来瞻仰的人不是很多。② 来东坡书院参观的，大都是上了年纪以及无心于仕途功名的人。这其中的奥妙，大抵是他们与当年的苏轼有着共通的命运和相似的追求。人们都希望能够在现世获得最大的功名利禄，以求光宗耀祖，实现人生抱负。如苏轼这样的，在仕途上几经沉浮而始终保全己身的

❶ 苦难并没有压垮苏轼，反而激发了他的创作意志，让他的才华达到极致。

❷ 能够前来参观书院的，必定是对苏轼有共鸣的人。

文人，是讨人喜欢的。尽管很多人尊敬并仰慕他，临摹他的字，朗诵他的诗文，但一旦联想到苏轼的宦海仕途，多半是不希望与之雷同的。

东坡书院据说是当年苏轼在儋州教学之所。这里地势平坦，茂林修竹，湖泊水汀、野花水藻甚多，也极为葳蕤。其中有诸多的槟榔树、芭蕉、椰子树和佛肚竹，还有葳蕤庞大的存活数百年之久的大树，冠盖之下，东坡祠坐落其中。进门之后，我忽然鼻子发酸，全身有一种无端被充盈的感觉，眼泪随之喷薄欲出，竟然有些控制不住。我心想，这大抵就是冥冥中的感应了，也是一个先贤大师给予我这个无名后辈的一种精神上的眷顾。进到其中，在东坡先生的塑像前，我鞠躬。这不是迷信，而是一种发自内心和精神的致敬。①《琼台纪实史》记载说："宋苏文忠公之谪居儋耳，讲学明道，教化日兴，琼州人文之盛，实自公启之。"文化这个无形的东西，看起来无用，实乃"无用之大用"。东坡由惠州携幼子而至琼州，并于儋州中和镇桄榔庵居住，教民务农，开馆授文，其功，已经超越了当年的庙堂之高，而入万世长空厚土。

斯时的儋州乃至整个海南岛的人文教育及其环境，大抵是荒芜的。在朝廷无力顾及的地方，"王化"可能有所普及，但"文化"和"教化"可能是稀薄的。苏东坡无意中到来，使得儋州的文化得以"开辟"和"生长"。当地人习文崇文之风气由此肇始。②这样的"功效"，大抵是苏轼自己当年也是不曾想到的，他于贬谪之地点燃的一丛不起眼的"星星之火"，竟然蔓延整个

❶ 引用《琼台纪实史》记载，介绍了苏轼对当时人们思想的影响、文化的传播起着不可磨灭的作用。

❷ 形象生动地写出了苏轼在颠沛流离的生活中，让儋州文化得以"开辟"和"生长"，正如一团"星星之火"微弱却又光亮，渺小却又积极燃烧，对后世产生了不小的影响。

海南岛。在儋州，我特别观察和注意到，这一带村镇之间，至今有着诸多的庙宇，供奉的神灵也颇多，其中有先前提到的冼夫人，也有巨灵神、毗野山神、五显神、妈祖、伏波以及各路大仙，大都是自秦朝以来，与海南有关的诸多朝廷官长的化身。此外，儋州多个村镇均设有专门的祠堂或者宗祠，还有敬字塔（字纸塔）等，前者用来祈祷先祖和神明保佑出海打鱼平安，后者体现出当地人对文字和纸张寄予了最根本的尊重。

这种敬畏感是与海岛渔民的日常生活紧密相关的，出海打鱼，波涛汹涌，充满了各种无常和不测，随时的风暴甚至台风，都会给民众带来灭顶之灾，祈求神灵的护佑，并且相信万物有灵，是民众自发的一种精神愿望。而慎终追远，对祖先的尊敬和祭奠，则体现了海岛渔民的另一种传统，即来自中原地区的祖先崇拜以及灵魂永在的儒道传统。① 苏东坡之于儋州的人文开启之功，当然也是岛民世代感念的。这也说明，一个人在世上的最高功业，是在成就自己的同时，更要最大可能地成就他人，惠泽众生。

苏东坡当然是有如此能力的，而他多年的宦海经历，尤其是他一直以来坚持和发扬的民本主义思想，也促使他在儋州期间，开始了耕作之外的"人文教化"生涯。至今，儋州还流传着许多关于苏轼的故事，几乎每个故事的主旨，都是赞扬和感念苏轼的功德。② 这使我觉得，一个人在世上的真正价值，是留下于众生精神和思想有启发的东西，至于现世的功名利禄与荣华富贵，确实只是云烟罢了。一个人对自己

① 成就自己的同时成就他人，这是一个人最伟大的功绩，最崇高的境界。

② 经过时间长河的大浪淘沙，沉淀下来的最有价值的东西，是一个人的思想和精神，它们在历史上产生的深远影响，才是最有生命力的存在。

的根本要求，就是不断地增强学识与思想的高度与厚度，历练和提升自己的情怀和境界。这大抵是在儋州东坡书院，我所能感悟到的了。到东坡井，打水洗手，以为可以沾沾东坡的才气和文气。众人皆如此。当然，这种心理和行为，是效仿先贤的一种行动。可这世上，苏东坡仅此一人。而正是只有这么一个的苏东坡，才弥足珍贵，崇高参天，无人可及。

在历代王朝中，似乎只有赵氏家族的皇帝对文人，采取了较为宽容的态度。正是赵匡胤及其继任者对于文化和文人的由衷尊敬和倚重，才使得两宋年间，文人们有了更高的修为与尊严。① 与苏轼齐名的大文人辛弃疾，其行其为，本质上是和苏轼有所呼应的，但辛弃疾之血性和英雄气，诗词无论家国、风月，还是稼穑桑麻、家长里短，瞬间感悟，似乎要比苏轼丰富得多。人们向来只是喜欢道德上的完人，以及一生中屡遭险境，却既有庙堂之高位，又有江湖间万般趣事与传奇的贤者大师，但对于勇武但又壮志不得酬，天赋奇禀高士猛人等，多不感兴趣。

山河日月，万世新鲜；人世诸般，瞬间皆非。出东坡书院的路上，我觉得欣慰。这种乍然的寻访与拜谒，于我内心是最好的，尽管我不像其他同道那样，十分崇拜苏东坡。作为文人标杆与楷模，人们所喜欢的，除了东坡的诗文书画等超越千古的作品之外，恐怕就是他异于常人的丰富人生阅历与所在的人文环境了。再次路过冼夫人庙的时候，我也觉得，这个生逢乱世的女人也是极其了不起的。她的军事、政治能力显然

❶ 用辛弃疾和苏轼进行对比，体现了两位文人的不同特点，联系下文，铺垫了人们喜欢苏轼的原因。

① 文末点题，赞美苏轼推动了中原文化与本土文化的融合，呼应题目"拜谒"，凸显尊重与仰慕之意。

已经超越了她所在的年代和地域，她的那些作为，对于海南岛的历史功绩，当然超越苏东坡。可是，<u>①文化毕竟是人间万事万物之灵长，苏东坡在儋州的作为，在很大程度上，进一步完成和拉近了偏远之地与中原文化的距离，以至于深度融合，血浓于水，须臾不可分割。</u>

延伸思考

1. 苏东坡是宋代著名的词人，你最喜欢他的哪句古诗词名句？写出来并作赏析。

_____

_____

2. 作者说："人们向来只是喜欢道德上的完人，以及一生中屡遭险境，却既有庙堂之高位，又有江湖间万般趣事与传奇的贤者大师，但对于勇武但又壮志不得酬，天赋奇禀高士猛人等，多不感兴趣。"你认同吗？你喜欢辛弃疾还是苏东坡？请说说理由。

_____

_____

3. 文中写道："也可能，正是由于这些苦难，从黄州、杭州、惠州、儋州到常州，苏轼的诗文书画艺术的觉悟和所抵达的高度，也在不断攀升，几乎到了当世凌绝的境界。"所谓"生于忧患，死于安乐"，往往，苦难才会成就人才。古往今来，这样的名人比比皆是，你能举出一两个并讲讲他们的故事吗？

_____

_____

★参考答案★

第一辑　巴丹吉林：我们的沙漠人生

【一个人的沙漠】

1．"保鲜"一词运用比拟，形象地写出沙漠的单一使人简单，强调自己虽经历人世风霜，对世界的看法仍然单纯、透明、固执、热切，保持了强烈的好奇与热爱之心。

解析：本题考查在对文章主题理解的基础上对词语鉴赏分析能力。对于词语在句子中表达了什么效果或起到什么作用的问题，首先要了解文章内容，体会作者表达的感情，理解词语的本义，引申义，然后分析句子运用什么的写作手法，去解析词语要表达含义。"保鲜"就是保持新鲜，在本句子中运用的是比拟修辞，形象说明沙漠能改变人，让人变得简单、单纯，也从另一个角度阐述人虽然经历沧桑，但对于世界仍然要保持清澈、透明、热爱之心。

2．画线句由实入虚（或使用了想象的手法），描写了"闭上眼睛"以后想象的内容，表达了作者对沙漠的神奇的向往，引出下文沙漠历史变迁的叙述和描写。

解析：本题考查对文章的写作手法的鉴赏和对段落作用的分析能力。对于语句在段落中表达的效果，要能概括出自然段表达的内容，分析语句的写作手法，及表达的思想，起到的作用。第②段的上半部分写我独自一人坐车来到沙滩，是写实；下半部分写我到沙滩的感受，想象到另一种景象，是虚写，这样间接表达了作者对于沙漠是向往、渴望的，为下文叙述沙漠历史和变迁做出铺垫。

3.将"远处的沙海"比作"沉默的母亲",把沙漠中的一座座沙丘比作"一枚枚硕大的乳房",生动形象地表现了辽阔的沙漠与天空相接的庄严与壮美,赞美沙漠具有塑造人的性情和净化人的心灵的作用。

解析:本题考查对语句鉴赏的分析能力。做这类题,要通读文章,感知句子所在段落的内容,分析句子的写作方法,和表达意思起到的效果。第⑧段写作者在沙漠的感受和思想的改变,那么,画线句子运用比喻的修辞手法,将"沙海"比作"母亲","沙丘"比作"乳房"更加形象表现出沙漠能塑造人的性情,改变人的思想的作用,间接地写出辽阔的沙漠与天空相接的神秘和壮美。

4.标题是全文的线索,写了自己一个人在沙漠的独特经历和心路历程;表达作者对具有厚重历史、奇特地理文化魅力的巴丹吉林沙漠的挚爱和生命认知;强调了沙漠与自己的精神联系,赞美沙漠对自己身体和精神的塑造,让自己归于宁静、单纯、坚强,提示文章的主题。

解析:本题考查对文章主题理解分析能力。分析标题与文章的关系,先要解读标题,再通过了解文章的内容,探究它们之间的联系;从标题中能知道要描写的事、物,了解文章的写作特点,提取作者意图等。我们从文章标题中得知,这是一个人独自经历沙漠,独自感受沙漠带给自己的心灵净化,精神塑造和对生命的重新认识;通过对沙漠的探索表达出作者对于有着厚重历史的巴丹吉林沙漠的敬畏与热爱,赞美沙漠有这种魅力,让自己回归单纯、清澈、热爱、坚强,揭示出文章的主题。

【念想巴丹吉林】

1."我"念想巴丹吉林恢宏壮阔的沙漠风光,念想在巴丹吉林热血沸腾的军营生活,念想巴丹吉林那些有趣的人和事,更念想巴丹吉林对

"我"的浸染和改变，让"我"的心灵变得简单而纯粹，让"我"的精神变得丰富而高尚。

2.无论是李陵、苏武等名将英雄的事迹，还是诗人王维的大漠名句等，都承载着这片土地的悲壮及尊严。同为军人，也是作者对巴丹吉林沙漠特殊情感所在。同时与段首"军人的热血"相呼应。

3.作者对巴丹吉林是热爱、感恩与怀念。巴丹吉林有"我"最刻骨铭心的青春记忆，是"我"一生的宝贵财富。经过初入繁华之后的沉淀，"我"记忆中留下的只有巴丹吉林，它的一草一木、一沙一石，都深深刻入了"我"的血脉里。

【大漠军营，月光照彻】

1.内容上，写出了大漠夜晚的静谧、旷远与神秘；结构上奠定了全文的感情基调和氛围主线。

2.与沙漠的幽深、月光的静谧形成鲜明对比；动静相映；体现了枯燥军营生活中的激情、力量与乐趣。

3.王昌龄的"黄沙百战穿金甲，不破楼兰终不还。"

【像树一样忧伤】

1.正是沙漠的单调，让"我"的心变得简单而纯粹，"我"因生活的单调枯燥而无奈沮丧，却也因远离了闹市的繁华与喧嚣，卸下了世俗沉重的枷锁。所以，"我的脚步迟缓，但不沉重"。

2.大树与"我"有相似的生活环境和处境，都生存在贫瘠的大漠，孤独、寂寞；但大树又扎根大漠，无怨无悔、坚定坚强、执着坦然，这非"我"能及。文中，大树是"我"的心灵寄托、精神支柱，给"我"力量，给"我"慰藉。

3.提示:结合文中沙枣树的形象,结合尾段对大树描写的暗示,作出积极的正面回答即可。

【人生如梦,有爱同行】

1.母亲像男劳力一样除草撒肥,甚至扛百斤粮食、石头和房梁,表现出母亲的勤劳坚强;母亲回家有时不吃饭就睡,剩饭馊了也舍不得扔,表现了母亲的节俭和辛苦。

2.作者感谢两位老人,因为从他们身上体会到了平凡生活的幸福真谛;感受到了父母的不易,彻悟了父母恩、子女情;感受到了人与人之间信任的温暖与美好。

3.父母之爱、子女之情、人与人信任的温暖(陌生人的信任与牵挂)。

【最单薄的最凝重】

1.张立强的漫画和新闻报道在《空军报》发表;张立强请老乡们到家里吃饭;张立强帮"我"拍照;张立强为救战友而牺牲。

2.有才华、有特长,热情淳朴,具有助人为乐、舍己为人的大爱情怀。

3.开始认为张立强自私,凡事步步为营,自己和张立强不是一路人,渐行渐远;后来对张立强的才华有些惊诧和欣赏,也初步感受到他为人的热情;张立强帮"我"拍照更是让"我"对他倍加感激;最后张立强的牺牲让"我"心疼又敬佩,也对自己曾经对他的误解而羞愧。

【你的内心有一片阔大的天空与亮光】

1.随性、幽默、多才多艺、重情重义、有责任感。

2.指牛亚磊心里有人类最原始的善良和责任,以及博大的爱。

3.例如开头,用牛亚磊想重回部队,回玉门关看看,暗示他是个有故事的人，设置悬念，引出下文。再如牛亚磊偷跑到玉门关两天不回部队，以及一回部队后便要求退伍，设置悬念，引出下文有关唱歌女孩生病离世的内容。

【姓爸爸的人】

1.示例一：儿子熟睡时"我"从儿子额头亲到脚，还把他的手或脚整个含在嘴里，细节描写体现出"我"对儿子难以言喻的爱。

示例二：很多时候儿子突然抱着"我"，一遍遍地说："爸爸，我爱你！"亲昵的动作加上直白的爱的表达，儿子对父亲的爱与依恋跃然纸上。

2.内容上：用儿子的话再次体现出"我"与儿子不可分割的血脉亲情以及彼此深沉的爱与依恋。结构上：总结全文，点明题目。

3.略。言之有理即可。

【李广杏】

1.一是杏子皮薄多汁，绵软甘甜，确实好吃；二是表达对抗击匈奴的飞将军李广的敬仰和怀念。

2.把微微摇晃的众多粉红色花朵，比作"一群粉嫩的婴儿在吮吸母乳"，新颖生动，既写出了微风吹过花朵摇曳的样子，又暗示杏树在积蓄力量，蓬勃生长，表达了作者对杏树的喜爱之情。

3.一是表达对李广杏的味道的回忆和喜爱；二是表达对岳父母的想念和牵挂；三是表达对河西走廊、对巴丹吉林沙漠的热爱。杏子在一定程度上成了作者与岳父母、与热爱的巴丹吉林沙漠的纽带。

第二辑　南太行：乡村的人事物

【流沙中的弱水河】

1.示例一：第⑨段画线句部分通过对白杨树富有象征意味的描写，表达了生命既要相互支撑又要有个性的体悟，承接上一段"我"对单调生活不满的感受，与下文的对生命的感受也有内在联系，"我"觉得不必删去。

示例二：第⑨段画线句部分通过对白杨树富有象征意味的描写，表达了集体由个体组成、个体要有自己个性的体悟，与下文所给的弱水河带给"我"生生不息的生命感受有一定隔阂，后文仍然继续写"我"骑单车出来见到的景色，这部分文字放在这里显得突兀，我觉得可以删去。

解析： 本题考查对文章内容理解的开放性观点的分析能力。对于这类拓展开放的题目，先要结合文章内容，再确定观点，进行分析。第⑨段是写自己独自在公路上，看到路边一棵棵的白杨紧密相挨，枝桠相挽的景象，表现出它们团结互助，努力生存的特点。从这个角度看，让"我"独自在沙漠中感悟到自己并不是独立存在的，是不可以删除的。如果从标题来看，白杨林与弱水河的关联不大，也是可以删除。

2.画线部分将沙砾比作皮肤，将流沙比作皱纹，将风暴比作张开的喉咙向上天发出的嘶吼，喻体选择贴切新颖，又有视觉冲击力，与戈壁严酷(强悍/凶猛/苍茫/沧桑/充满自然的伟力)的环境特点相契合，也形象地表达了作者悲怆的情感。

解析： 本题考查对语句修辞手法表达效果的分析能力。从修辞手法方面来鉴赏句子，分析表达的效果，要先从句子中找到关键词，分析句子的成分，判断它的修辞方法以及表现作者的情感。从画线部分中可判断出是比喻修辞方法，沙砾比喻成松动的皮肤，流沙比喻成皱纹，风暴比喻成嘶吼，这样的比喻更加形象地写出戈壁环境的恶劣、严酷；也让作者感受到悲伤，产生了悲悯的感情。

3.独句成段，起过渡作用。第⑧段承接上文对弱水河的描写、思考及"我"的生活状态，转入"我"走入草滩、戈壁、沙漠的所见所思生命思考以"我"的体验加以具体化和深化。第⑧段是从对沙漠、弱水河、绿洲的描写和思考，转入"我"的感悟思考的关键节点，在全文构思上有重要作用。

解析：本题考查对文章结构分析能力。做此类题要根据段落的内容、结构、位置、语气来分析在文章中的作用，段落位置在开头的有点出主题、引起下文、引起读者兴趣等作用；在中间位置，有过渡、承上启下的作用；在结尾处，有点明、总结主题的作用。第⑧段以上的段落是对弱水河的描写，以下的段落是写沙滩、戈壁的所见所想，是一个转折段，有着过渡的作用。

4.本文赞美了艰难无奈中坚持抗争、生生不息的生命，对我们理解生命的意义很有启示作用。在生活的困境中，我们应当吸取力量、坚韧不拔，直面生活中的困难，才能赋予生命的意义。

解析：言之有理即可。

【记叙一只猫】

1.向奶奶家要来的那只猫在家捕鼠的情景，到山上捕杀野兔，承担狗的义务——看家。

2.写老鼠的张狂放肆，目的是烘托猫的捕鼠能力之强。

【南太行乡野美食（四题）】

1.通过对家乡美食的介绍，表达了作者对南太行乡村曾经的生活的怀念，对家人和家乡的思念和热爱。

2.示例：手抓饭是新疆各族人民普遍喜爱的食物，做法是先用油炒洋葱、黄萝卜丝(用黄萝卜是因为它是新疆特产，其他地方黄萝卜产量少，所以只能用胡萝卜代替)、羊肉块，然后放入淘净的大米加水焖蒸。

【童年的黄昏】

1.环境描写呼应题目中的"黄昏"。晃悠的马灯，摇动的枯草，如泣的风声，乌鸦的呱叫，都给人一种南太行山野黄昏特有的安静与凄凉之感，颇具时代感。

2.奶奶对"我"的不喜，大多是因为和母亲婆媳矛盾的延伸，其实在奶奶的内心深处，是关心"我"的，比如对"我"说，"没吃那还有饼子"。幼时的"我"对奶奶抱怨，但长大后应该是理解和释然，对爷爷奶奶的故去自然是思念和不舍。

3."童年的黄昏"，一是指回忆发生在黄昏时的故事，二是暗指童年时让自己不快乐的一些人和事、杨林光一家，例如奶奶的偏心。

【南太行乡村的春节】

1.插叙未婚妻回老家这件事，表现了家里经济条件差，母亲的节俭。

2.敬老灶爷，包饺子，凌晨放鞭炮，敬土地爷，拜年。

3.示例一：过年长辈会给压岁钱，晚辈磕头后接过压岁钱。

示例二：守岁，三十晚上不睡觉，家里每个房间的灯都要亮着不能关灯，这样来年就会家中财富充实。

【内心的高冈】

1.作者感觉父亲一直没有离开，他的音容笑貌在"我"的生活中无处不在，体现了作者对父亲割舍不下的爱与未能见最后一面的牵挂与遗憾。

2."年年荒草，风吹黄土"，喻指坟墓，指人生命的消亡。人世的蓬勃与繁华无法阻止人的生老病死，生命的更替是无法改变的自然规律。这让我联想到苏轼的"人有悲欢离合，月有阴晴圆缺，此事古难全"。

3."内心的高冈"，指时间、生命和父亲等先后辞世的亲人以及因各种灾难、疾病、祸事而辞世的人，他们永远活在作者的心中。

【这是多么幸福的事情】

1.母亲到"我"所在的军营的家生活了一段时间，以种菜为乐；母亲要去给别人家带孩子挣钱；母亲为弟弟带孩子，让弟弟弟媳安心挣钱、种地。

2.内容上：母亲健在，性格有如孩子般可爱，让"我"牵挂、让"我"无奈、让"我"开心，虽不能常常在一起，但听到她的声音，是"我"最大的幸福，体现了"我们"家的温馨和睦。从结构上：总结全文，点题。

第三辑　爱与痛：我们在今生相遇

【南太行的妖娆山野】

1.D

解析：本题考查对文章中重要词语理解含义的能力。D选项中的"意味",结合整个句子理解,"意味"是说板栗在生长过程中很有趣,不是指味道。

2.B

解析:本题考查对文章内容的理解能力。比喻错,"它们是类似于杂草一样的庄稼"不是比喻。

3."寂静"是指青山上没有人的打扰,只有各种动植物自由自在的生长;"喧哗"是指各种动植物生机勃勃,展现出生命蓬勃生长的热闹。寓意:作者这样写表达了对大自然的赞美,对乡村宁静生活的怀念和热爱,也照应了后文担心过度旅游开发打扰到乡村的宁静。

解析:本题考查对文章重点词语的含义以及句子作用的理解能力。"寂静",文中通过各种动物的活动来衬托田野和青山的宁静,又通过植物自由的生长、慢慢地成熟来突显它的寂静;"喧哗"通过植物在阳光下竞相生长,各种动物都在努力生存,展现出热闹的景象,表达了作者对乡村生活的热爱和赞美。又因为盘山路上车辆增多,外地人过来旅游增多,表达了作者对旅游开发可能会破坏乡村宁静的担忧。

4.内涵:(1)"妖娆"是指南太行原野景色美丽,充满生机与活力;(2)"妖娆"是指南太行的原野以它的慷慨与包容养育着这片土地上的人,让他们过得美好而幸福。效果:以"南太行的妖娆山野"为题,运用拟人手法,既写出了南太行的美丽,又饱含着对它的赞美与热爱之情。

解析:本题考查对文章标题的含义和作用的分析概括能力。"妖娆"的意思是娇艳美好,妩媚多姿,本文用"妖娆"这样的词,带有拟人化,不仅写出了南太行山野的美丽,也写出了南太行人美好幸福的生活,饱含了作者对南太行家乡的赞美和热爱之情。

【与子书：最好的相遇，最好的爱】

1.无论何时，永远要武装自己，用思想、见识和判断；要善良地与人合作，竞争要有底线；情商比智商更重要，要善于培养自己的情商，变得智慧；要相信自己，依靠自己；学让自己具备战略思维；要珍惜真爱自己的人；要正直实干，不空喊口号；不要趋炎附势；要为大多数人争取利益。

2.选择其中一点，结合自己的经历，言之有物即可。

3.略。

【"爱是我们存在的唯一标识"】

1.人生在世，唯一牢靠的关系就是血缘关系，血脉相连，这是割舍不断的亲情，这种爱是无条件的爱。

2.一个人如果放弃了读书，放弃了不断地更新自己知识结构，放弃了对文化、信仰、精神的不断求索与深入理解和吸纳，那将是不幸的。

3.保持探索精神；敢于去爱；学会尊重；学会自我保护；与人为善；有团队精神；自我独立。（能概括出5点即可）

【春节是一种内心的文化仪式】

1.一是这一带，长期处在历史和民族的混血地带，一个军事力量到来，必然使得原来的土著不得不让出生息之地，文化变迁频繁而复杂；二是历朝历代当中，移民屯边、戍守与流放者也先后进入此地，进而使得这一片区域，始终与中华民族同宗同脉，在文化习俗上，携带了整个中原乃至汉文化的强大基因和传承力量。

2.一是地理，即地处北京之南，又与河南安阳接壤，西则与山西勾连。二是气候，春夏秋三季的气候与地表特征等方面，确与南方有着同样的湿润和葳蕤。

　　3.文章主要介绍了三个地方春节的不同习俗。河西走廊一带的春节，会于大年初五上坟，是对先祖的一种缅怀方式；河北南太行老家的春节，种种规矩和习俗使人们心存敬畏，也表达了人们对美好生活的期望；成都的春节，在路边、巷子或者寺庙旁边焚烧纸钱、冥币等，寄托了漂泊者的哀思。

【给杨锐的一封旧信】

　　1."我"因为儿子玩游戏揍儿子屁股；"我"和儿子出去吃饭，手拉手走在成都车水马龙的大街上；"我们"一家去购物和去公园游玩；夏天的傍晚"我"带儿子去文殊院玩。

　　2.言之有理即可。

【笑着来到这世界的人】

　　1."眼睛如聚光灯一般贴了上去"，把眼睛比作聚光灯，形象生动；"贴"字也极富表现力。此句形象地表现出作者搜寻妻子和孩子身影的急切。

　　2.作者将两个儿子生活的时代与日常细节进行对比，既突出了小儿子的到来给一家人带来的快乐，又体现了对大儿子的爱与牵挂。

　　3.点题，并写出了作者喜得稚儿的喜悦、满足和感恩的心态。

【烟火灿烂，春节洗心】

　　1.串接起来燃放；放在雪里燃放；放在树杈上燃放；丢在废弃的水桶里燃放。表现了儿时"我们"的调皮，以及春节的快乐。

2.不矛盾。"胆大"是指"我"特别喜欢燃放鞭炮；"胆小"是指"我"不会去冒险。看似矛盾，实则统一。

3在亲情中淘洗一年的劳累与惶恐，于家族之间体验放下戒备的其乐融融，让心灵回归安宁，回归亲情，回归纯净。

第四辑　行与思：大地上的旅程

【黄土大梦（节选）】

1.C

解析:本题考查学生鉴赏小说思想内容及艺术特色的能力。C项"表达了作者对现代文明的反感和批判"错，原文表达了作者对陕北的景仰与热爱，没有对现代文明的反感和批判，选项属于无中生有。故答案为:C。

2.①陕北黄土的视觉冲击。

②先贤们克己守正、奋发有为的能量带给作者的震撼和荣耀感。

③作者认识到气候和地理环境可以改变人，这如梦的黄土大地使作者产生了对人生的觉悟、觉察。

解析:本题考查学生理解重要句子含义的能力。宝塔山的匆匆浏览，使作者的内心生发了复杂的感受。首先，"在火车上睁开眼睛，一色的黄——黄出了叠加与层次，满眼的黄——黄得深入和彻底，整个世界，乃至内心和灵魂，都被这黄贯穿、俘虏了"，文章开篇谈到了陕北黄土给作者带来的视觉冲击。其次，"其中的宝塔山，令我想起一个人，他被誉为八百年以来第一完人，也是诗人、政治家和军事家——范仲……"，文章主体部分谈到范仲淹克己守正、奋发有为的能量对国家兴盛的影响，而这带给作者强烈的震撼，使其生发了荣耀感。最后，文章提到气候和地理环境对人的改变作用，而正是这黄土大地使作者产生了对人生的觉悟、觉察。

3.①描写美：文本用语考究，精美凝练，通过铺排、比喻、对比等手法展现描写了陕北黄土的本真美、天然美。

②意境美：作者通过优美的描写，将自然环境和人文历史相结合，勾勒出陕北这样的具有鲜明地理特征和独特气候特征的壮美意境。

③哲理美：作者通过对陕北美景及人文历史的描述，表达了内心的荣耀感和深深的震撼，赞颂了先贤克己守正、奋发有为的精神，从而借助这如梦的黄土大地生发了对人生的觉悟和觉察。

解析：本题考查学生鉴赏散文艺术特色的能力。梁衡在《山水为何有美感》中写道"在散文写作上就是美的三个层次：描写美、意境美、哲理美"，在本文中也体现了这三个层次。首先从"描写美"上看，文本语言精美凝练，第二、三、四自然段中"陕北的黄，是集中的黄，悲愤的黄，绝望的黄，生存的黄，战争的黄，沉默的黄，飞奔的黄，苍天的黄，大黄的黄，黄天的黄，黄种人的黄，黄帝的黄，黄河的黄""我知道，这黄土的大地，宛若一个浑圆的大梦，每个进入其中的人，只有在绝境之中，方才会面对苍穹群星，参悟到人生乃至整个人类的秘密，继而校准方向，一击而中""尽管时代的发展使得整个中国都高楼林立，机车奔走，人们的衣饰乃至居住的房屋也都流光溢彩，俨然当代世界的模样和姿态，但黄土依旧是最本真和显赫的存在，是一种无声的笼罩、反射和涂抹。这种来自大地最本真的色彩，以及干结的块垒，可以硬如铁石，又可以软成血液的黄土，累累山川，道道塬梁"分别运用了铺排、比喻、对比等手法展现描写了陕北黄土的本真美、天然美。其次从"意境美"上看，作者在第一段中"一色的黄——黄出了叠加与层次，满眼的黄——黄得深入和彻底，整个世界，乃至内心和灵魂，都被这黄贯穿、俘虏了"、第二段"越是接近，步步河山之间，耳边似乎有连绵的涛声传来，先是汹涌澎湃，雷声轰隆，渐而静默无声，宛若处子"、第六段"特别是他对于羌人的信义与诚恳，使得他在异族当中，也享有崇高的威信"、第七段"范仲淹和他的部将种世衡，堪称古代边关防御和经略之中的典范"将自然环境和人文历史相结合，勾勒出陕北地理环境的壮美和人物的人格魅力。最后是"哲理美"，由"公元1041年左右，范仲淹奉命驻守延州，与契丹和全国作战。他在延州，时短而效长。一个人克己守正、奋发有为的能量，在传统的帝国之中，无疑是巨大而且积极的""历史的一个铁律是，凡是兴盛的朝代，主要是其当政者与辅政者通力合作、上下一致的结果，同时更是辅政者的人品和修养达到了'天下为公''达则兼济天下'的境界，才可以实现的""面对范公曾经镇守之地，我的内心涌现的景仰与热爱，竟然使得自己有些荣耀的感觉"可知，作者在文中所要表达的是对先贤克己守正、奋发有为的精神的赞美，以及自身的觉悟和觉察。

【在空中，在高处】

1.示例一：会当凌绝顶，一览众山小。示例二：欲穷千里目，更上一层楼。

2.重回大地，仰望天空，回忆来时的旅程，心中滋味万千。既有脚踏实地的安心、轻松，又有穿越高空的神奇、不可思议，还有思绪万千的豁然、释然。（抓住"隆重和神奇""庸常和轻盈"关键词，结合前文作者的感受和体验分析。）

3.言之有理、有物即可。

【海上人间】

1.介绍舟山得名原因及其有关传说——来到(普陀山)，拜谒南海观音菩萨——辞别(普陀山,沿着海边走动)——(在湖泊边稍坐)——再去桃花岛——(来到小沙村,参观三毛祖居)——(颁奖会后,去竹山公园,登山,参观鸦片战争时期的纪念馆)——返回住宿地的路上。

2.引用《普陀旧志》原文,验证了上文讲的宋时日本和尚慧锷的故事,增强了故事的真实性;引用当地渔歌中的内容,说明日本和尚慧锷的故事广为流传,同时夸大了故事的效果,寄托了人们惩恶扬善的美好愿望。两部分的引用,都为普陀山增添了神奇的色彩。

3.突出了桃花岛既有仙气又有邪气,既偏远又令人向往的特点,增添了文章的神秘色彩。

【白马山上】

1.指的是紫衣仙子和龙三太子的爱情故事。为白马山增添了更加神秘的色彩,俯观乌江,远眺仙女山,可以感受到它的奇峰妙笔、浪漫多情。

2.言之有理即可。

3.自然的钟灵毓秀,给人精神的慰藉,心灵的洗礼,让人归于宁静,归于淡泊,归于本真和慈悲。

【与母亲和小姨同游平遥古城记】

1.一是交代"我们"这次来平遥游玩的原因,二是引出下文关于"人生的苦楚,各有各的不同。就像这平遥古城,这般的稳固、持久,独具特色,它也是经历了沧海桑田,以及朝代更换的"内容的记叙。

2.用"缓慢降落"形容黑夜的来临,富有动感和视觉冲击。用黑夜的降临结束游览,呼应文章的开头。

3.这句话的意思是,每一个被后人称赞或敬仰的人、景、物,都有其独一无二的原因,就像历史长河中熠熠生辉的星辰,散发着璀璨的光辉。

例如：李白的诗篇，充满了浪漫主义色彩；如杜甫草堂，因杜甫得名，有丰富的文化底蕴等等。不作唯一答案，言之有理即可。

【涞源野长城记】

1.用抗日时期的故事，证明太行山的地貌和文化在整个中国历史长河中有着不可估量的作用，强调了太行山之于整个中国的"人之背脊"般的重要性。

2.两个名称具有鲜明的地域特点，"冠带之室"突出的是西汉作为礼仪之邦的文明与进步，"引弓之国"则体现了游牧民族的彪悍与野性。

【儋州拜谒东坡先生记】

1.略。

2.不作统一答案，言之有理即可。

3.霍金、梵·高、史铁生等。

— 中高考热点作家 —

中考热点作家

序　号	作　者	作　品
1	蒋建伟	水墨色的麦浪
2	刘成章	安塞腰鼓
3	彭　程	招　手
4	秦　岭	从时光里归来
5	沈俊峰	让时光朴素
6	杜卫东	明天不封阳台
7	王若冰	山水课
8	杨文丰	自然课堂——科学视角与绿色之美
9	张行健	阳光切入麦穗
10	张庆和	峭壁上，那棵酸枣树

高考热点作家

序　号	作　者	作　品
1	王剑冰	绝版的周庄
2	高亚平	躲在季节里的村庄
3	乔忠延	春色第一枝
4	王必胜	写好你心中的风景
5	薛林荣	西魏的微笑
6	杨海蒂	北面山河
7	杨献平	人生如梦，有爱同行
8	朱　鸿	辋川尚静